Sabine Skala

Leben in der Neuen Zeit

Haftung

Die Informationen dieses Buches sind nach bestem Wissen und Gewissen dargestellt. Sie ersetzen nicht die Betreuung durch einen Arzt, Heilpraktiker oder Psychotherapeuten, wenn Verdacht auf eine ernsthafte Gesundheitsstörung besteht. Weder Autorin noch Verlag übernehmen eine Haftung für Schäden irgendwelcher Art, die direkt oder indirekt aus der Anwendung des Inhalts dieses Buches entstehen könnten.

Bitte fordern Sie unser kostenloses Verlagsverzeichnis an:

Smaragd Verlag
In der Steubach 1
57614 Woldert (Ww.)
Tel.: 02684-97848-10
Fax: 02684-97848-20
E-Mail: info@smaragd-verlag.de
www.smaragd-verlag.de

Oder besuchen Sie uns im Internet unter der obigen Adresse.

Deutsche Erstausgabe: Januar 2013

Umschlaggestaltung: preData
Satz: preData
Printed in Czech Republic
ISBN 978-3-941363-83-0

Sabine Skala

Leben in der Neuen Zeit

Ein Handbuch

Smaragd Verlag

Über die Autorin

Sabine Skala ist Sternengeborene und eines der ersten Indigokinder der 70er Jahre. Als Heilpraktikerin und Heilerin arbeitet sie seit 2003 in ihrer eigenen Praxis für Klassische Homöopathie und Energietherapie in Sauerlach bei München. Ihre Aufgabe als Lichtarbeiterin ist es, den Menschen in ihrem Aufstiegsprozess in die Fünfte Dimension zu helfen und ihnen die Lebensweise der neuen Energie näher zu bringen. Sie hat die Fähigkeit, die spirituellen Fähigkeiten eines jeden Einzelnen zu erkennen und ihm diese zu vermitteln. Ihr mediales Potenzial macht es ihr möglich, Kontakte zu höheren Dimensionen und Lichtwesen aufzunehmen und dadurch die Menschen zu heilen.

Kontakt und Informationen unter:

www.heile-deinen-koerper.de
S.Skala@t-online.de

Inhalt

Vorwort

Lichtvolle Seelen der Erde,

wir sind zu euch gekommen, um euch mit den folgenden Botschaften das Leben in der Neuen Zeit etwas näherzubringen. So haltet ihr einen kleinen Plan der Orientierung in euren Händen.

Nutzt die energetischen Daten des Jahres, um eure tiefsten, aber auch kleinsten Herzenswünsche zu visualisieren und auf Erden zu bringen. Dies ist wahrlich eine besondere Zeit, denn es geschehen irrwitzige, komische, berührende, weltbewegende, kleine, wundersame, interessante, unglaubliche, traurige und auch traumatische Ereignisse. Ihr seid nun in der Lage, selbst zu entscheiden, welchen Weg ihr gehen und welches Leben ihr führen wollt. Wollt ihr in Fülle, Reichtum, Gesundheit, Freude und Liebe leben? Oder bevorzugt ihr Leid, Kummer und Sorgen? Ihr entscheidet! Nicht wir! Wir dürfen euch in einigen Dingen unterstützen, aber die Verantwortung tragt ihr nun selbst. Dies ist und wird für einige Menschen schwierig. Viele haben Angst, ohne alte Strukturen und Gewohnheiten zu leben. Seid euch immer bewusst, dass sich alles ereignet, was ihr fühlt und denkt. Genau das habt ihr in den letzten Jahren geübt. Jetzt könnt ihr es umsetzen und leben! Traut euch, die kühnsten und für die Dritte Dimension unwahrscheinlichsten Träume, Ideen und Wünsche zu verwirklichen. Lasst eurer Kreativität freien Lauf, denn sie ist nun göttlich geworden. Lasst euch nicht von Menschen beirren, die sich noch in der Illusion der Dritten Dimension befinden, und geht weiter euren Herzensweg.

Dort, wo euer Licht scheint, wird es hell. Dort, wo die Dunkelheit „leuchtet", herrscht Dunkelheit. Dies kann dicht beieinander liegen oder meilenweit entfernt. Der eine strahlt Licht aus und befindet sich in seinem eigenen Lichtschein, der andere lebt die Dunkelheit, die niedrig schwingende Energie, und verdunkelt im wahrsten Sinne des Wortes sein Umfeld und sein Leben. Diese beiden Menschen können nebeneinander stehen: „Hell und Dunkel", und es wird sich für keinen etwas verändern, es sei denn, die Seele, die sich in der niedrig schwingenden Energie befindet, ist bereit für Transformation. Natürlich nimmt der Mensch in der lichtvollen Energie sein Gegenüber wahr, aber er wird nicht mehr davon beeinflusst. Zu weit ist der Dimensionsabstand geworden. Im Gegenzug kann es sein, dass die dunkel scheinende Seele die hoch schwingende Aura und Energie nicht mehr wahrnimmt oder den Menschen sogar nicht mehr sieht.

Es findet eine Trennung statt, auch wenn ihr in eurem Ursprung alle eins seid. Es werden viele Dinge auf Erden geschehen, bei denen die Menschen in der Fünften Dimension nicht mehr eingreifen dürfen. Viele Lichtarbeiter oder Channelmedien lehren euch die Einheit, das Einssein. Alle sind eins, und jeder ist mit jedem verbunden. Aber so einfach kann man das Ganze nicht sehen. Im Ursprung eures Seins seid ihr alle eins. Aber bis ihr diese Einheit wieder leben könnt, vergehen noch Lichtjahre. Ihr seid immer alle eins, befindet ihr euch in derselben Dimension. Verlasst ihr aber eine, werdet ihr eins mit den Seelen aus der neuen Dimension. So einfach ist das.

Viele Ereignisse wie Naturkatastrophen, Unfälle oder Kriege sind dazu da, dass viele Menschen die Möglichkeit erhalten, aufzuwachen, um sich für den Weg in die Transformation zu entscheiden. Immer wieder erhalten sie Chancen, bis sie sich für den einen oder anderen Weg entschlossen haben. Dabei ist es nicht wichtig, welchen Weg sie wählen, denn keiner weiß, was die Seele in diesem Leben erleben oder erfüllen möchte. Die Erde hat sich in den Dimensionen bereits getrennt und ist dabei, die Teile voneinander zu entfernen. Dies bedeutet auch: Abschied nehmen vom Alten. Wenn ihr zu sehr in die Vorkommnisse der Welt eingreift, beeinflusst ihr die Entwicklung im negativen Sinn. Ihr verhindert spirituelles Wachstum. Auch wenn ihr eure Kräfte zur Heilung oder Abwendung von Schlimmerem in Liebe einsetzt, steht es nicht in eurer Macht, dies zu tun, es sei denn, ihr erhaltet die Erlaubnis dazu. In der Fünften Dimension könnt ihr sehr schnell und ohne großen Aufwand der Natur und eurem Planeten Heilung zukommen lassen, die sich in Windeseile umsetzt. Ihr werdet also noch die Chance erhalten und auch die Aufgabe bekommen, eurer Erde zu helfen, doch nicht zum jetzigen Zeitpunkt. Die einzige Ausnahme ist euer eigenes Zuhause und das dazugehörende Grundstück. Diesen Bereich könnt ihr bereits jetzt heilen, harmonisieren, energetisieren und schützen. Ihr sollt das sogar tun, damit ihr immer wieder in die hohe Energie zurückkommt, wenn ihr einmal „draußen“ wart.

Dies ist eine Art Handbuch für die kommenden Jahre im Wandel der Zeit. Ein kleiner Ratgeber, damit ihr leicht und mit großer Freude das Leben in der neuen Welt leben und die sich euch eröffnenden Möglichkeiten der Fünften und Siebten Dimension ergreifen könnt.

In Liebe,
die Galaktische Föderation

☆☆☆☆☆

Leben in der Neuen Zeit

Einssein

Liebe Seelen auf Erden,

wir möchten euch jetzt darüber aufklären, was es heißt, „eins" zu sein. Viel wurde bereits darüber geschrieben und umgesetzt. Am Anfang war der Glaube daran, dass ihr alle eins seid, wichtig für euer spirituelles Weiterkommen, denn ihr habt eure zwischenmenschlichen Beziehungen dazu genutzt, um an euch zu arbeiten und daran zu wachsen. Jeder Mensch, dem ihr begegnet seid, bot euch eine gute Gelegenheit, an den Ursachen eurer alten Verhaltensweisen und Programme zu arbeiten. So habt ihr die Möglichkeit erhalten, an die Wurzel eurer körperlichen, geistigen wie auch seelischen Probleme zu gelangen und sie aufzulösen. Ihr habt euch gegenseitig als Spiegel gedient und euch immer in dem anderen gesehen, oder es jedenfalls versucht. Nun hat sich die Energie auf Erden verändert. Irgendwann kommt der Punkt, an dem es bei bestimmten Menschen keine Wechselwirkung mehr mit eurem äußeren Handeln und inneren Sein gibt, da sie auf einer anderen Ebene schwingen. Ihr wisst nun, was euer jeweiliges Befinden auslöst, denn ihr habt euch in den letzten Jahren selbst erfahren und wisst über euch selbst am besten Bescheid. Daher braucht ihr kein Gegenüber mehr, um zu wachsen. Nur die Überbleibsel eurer Hauptprobleme werden ab und zu noch einmal von einem anderen angetickt, um wirklich alles in euch zu heilen. Es ist nur ein Hinweis darauf, dass noch ein kleiner Rest dieser alten Energie in euch besteht, der nun endgültig losgelassen werden möchte. Nun ist es eure Aufgabe, mit euch selbst eins zu werden, um euer Potenzial zu öffnen und eure Fähigkeiten in der Neuen Zeit zu leben.

Die folgenden Informationen sind wichtig für euch, damit ihr weiterhin in einer hohen Schwingung bleibt. Viele Menschen haben sich dazu entschieden, den lichtvollen Weg auf Erden zu gehen, dahingegen halten andere Seelen es für besser, sich weiterhin in den Illusionen ihres Egos zu bewegen. Beides hat seine Berechtigung, wir möchten euch nur die Erkenntnis näherbringen, dass ein Einssein, so, wie ihr euch das immer vorgestellt habt, in dieser wichtigen Phase der Transformation nicht möglich ist. Die Menschen, die dem lichtvollen Weg folgen, heben sich stetig in ihrer Eigenschwingung an, während diejenigen, die ihrem Ego folgen, in der Schwingung der Dritten Dimension bleiben. Auch wenn ihr immer lauthals ruft: „Wir sind alle eins!“, gibt es momentan Unterschiede in eurer Frequenz. Nicht alle Schwingungsebenen kann man überwinden, um zu jedem Preis mit allen eins zu sein. Jede Seele hat ihre eigene Zeit der Entwicklung, und manchmal stimmen die Sendefrequenzen nicht überein. Auch wenn ihr vom Seelenursprung her alle eins seid, gibt es Unterschiede in den Phasen der Transformation, und es ist für hoch schwingende Menschen schwierig, sich mit niedriger schwingenden auf eine Wellenlänge zu begeben, um eine Verständigungs- und Einsseinsebene herzustellen, so, wie es für die niedriger schwingenden Menschen schwierig ist, sich auf höhere Ebenen zu begeben. Dies soll nun nicht abwertend gegenüber den Menschen sein, die sich einen anderen Zeitplan für die Erleuchtung der Seele ausgesucht haben. Bitte lasst sie ihren Weg gehen und zwingt sie nicht dazu, mit euch eins zu sein. Sie brauchen Zeit, und manchmal entscheiden sie sich auch für einen anderen Weg, weil ihnen der lichte vielleicht zu anstrengend oder zu schnell geworden ist. Mit diesem EINSSEIN werden viele Menschen dazu gezwungen, sich auf eine höhere Ebene zu begeben, für die sie noch nicht bereit sind. Nehmt ihnen nicht ihre Aufgabe. Wir brauchen Vorreiter, die im Alltag das höher schwingende Leben vorleben und ihren Mitmenschen so die Möglichkeit geben, sich zu entwickeln, wann sie es möchten. EINS zu sein gelingt nur mit gleichen oder leicht abweichenden Schwingungsebenen. Bis ihr beziehungsweise wir wirklich alle in unserer Seele, in unserer Seelenessenz wieder eins miteinander sind, wird noch viel Zeit vergehen, die ihr nicht mit eurer Zeituhr messen könnt. Hört auf euer Herz und auf eure Intuition und folgt ihnen.

Die Menschheit schwingt nicht mehr auf derselben Frequenz, was zur Folge hat, dass ihr nicht mit allen eins sein könnt, sondern nur mit denen, die in der gleichen Frequenz schwingen. Das ist auch der Grund dafür, dass ihr bei Katastrophen oder Unfällen nur bedingt helfen könnt. Ihr könnt nur den Menschen Licht und Liebe senden, die bereit dafür sind oder sich auf eurer Schwingungsebene befinden. Helft ihr trotzdem denjenigen, die euch nicht um

Hilfe gebeten haben, mischt ihr euch in die Arbeit des Großen Ganzen und in die einzelnen Lebensaufgaben der Menschen ein, was zuweilen auf euch zurückfallen kann.

☆☆☆

Das wahre Sein

Das wahre Sein ist das Tiefste eurer Seele. Es ist gut geschützt vor fremden und eigenen Einflüssen. Andere Menschen und Wesen, wie auch euer Ego und das Erlebte, beeinflussen euch oder haben euch auf Erden beeinflusst. Doch euer wahres Sein ist wie ein verborgener Schatz, zu dem man erst gelangt, wenn bestimmte Prüfungen auf dem Weg dorthin bestanden wurden. Stetige Arbeit an euch, Transformation eures Körpers auf verschiedenen Ebenen wie auch die Heilung eures Herzens gehören zu diesen, wir nennen es, Prüfungen. Tatsächlich wurdet ihr in vielen Situationen getestet, ob ihr wirklich eurem Herzen folgt. In dieser Zeit wusstet ihr oft nicht, wie es weitergehen soll und eure Zukunft aussieht wird. Aber ihr habt euch und uns vertraut. Verbindet euch immer mehr mit eurer Seele, mit eurem Sein. Vertraut darauf, dass die Seele genau weiß, was sie braucht und sich wünscht. Sie kennt die wahren Wünsche und die Aufgaben, die ihr euch für das jetzige Leben gestellt habt. Sie weiß alles. Sie kennt die Vergangenheit, die Gegenwart, die Zukunft und die Ewigkeit. Eure Seele ist unendlich und mit dem Ursprung allen Seins verbunden. Die Wahrhaftigkeit eures Seins kommt dann zum Vorschein, wenn ihr bei euch seid, wenn ihr eins mit euch selbst werdet und eurer Seele, eurem Herzen und seinen Impulsen vertraut.

Atmet tief ein und stellt euch vor, wie ihr euch mit eurer Seele verbindet. Meditiert im Jetzt und nehmt die Energien der Gegenwart in und um euch wahr. Fühlt die Präsenz eurer Seele. Fühlt euer Sein. Fühlt das Licht in euch, in eurem Körper, in eurer Seele und in eurem Sein. Dann werdet ihr zu eurem wahren Sein gelangen und es auf Erden leben.

☆☆☆

Leben in der Gegenwart

Immer wieder halten euch die Wirren des Alltags zurück, wirklich im Jetzt zu leben. Lernt, in der Gegenwart zu leben, egal, was ihr gerade tut. Das ist in der momentanen Phase auf Erden besonders wichtig, wie auch für das Leben in der Neuen Zeit. Denn alles, was ihr in der Gegenwart denkt und tut, auch wenn es nicht bewusst geschieht, projiziert ihr in eure Zukunft. In jeder Sekunde der Gegenwart erschafft ihr euer neues Leben. Es ist nicht wichtig, was ihr tut, sondern dass ihr es bewusst tut. Geht immer wieder in euch und erinnert euch daran, den Moment auch zu sein. Leben im Jetzt ist eine der besten Methoden, um aus seelischen Tiefen wieder herauszukommen und sich aus den Fängen des Egos zu befreien. Eckhart Tolle ist der Vorreiter und bekannteste Lehrer dieser Lebensart. Leben im Jetzt ist mit das Wichtigste in der Neuen Zeit, was ihr beherrschen solltet. Lasst euch auf die Gegenwart eures Lebens ein. Die Gegenwart ist immer der momentane Augenblick, dort findet euer Leben statt.

☆☆☆

Aufkommende Probleme lösen

Immer wieder kann es vorkommen, dass sich Probleme in eurem Leben kreieren. Es können viele Ursachen dahinter stecken, und es geht darum, sie herauszufinden. Wenn ihr bereits in der Neuen Energie lebt oder auch nur phasenweise, ist es wichtig, die auftauchenden Probleme schnell anzugehen. Geht der Ursache auf den Grund und heilt sie. Dies kann von einer Minute bis zu drei Tagen oder etwas länger dauern, je nachdem, um welches Thema es sich handelt. Seid ihr bereits seit längerem auf eurem Weg, geht die Auflösung der Blockaden/Probleme und Heilung der Ursachen sehr schnell. Ihr wisst durch eure Selbstarbeit, welche Themen sich bei euch immer wieder melden, um noch einmal angesehen zu werden. Es gilt darum, dieses auch zu tun, sei es, Seelenanteile anzunehmen, euren Selbstwert zu stärken oder anderes. Die Ursachen sind so vielfältig wie die Individualität eures Selbst. Wir möchten euch jetzt nicht alle Methoden und Techniken aufzeigen, die es zu diesen Themen gibt, sondern nur darauf hinweisen, dass ihr diese Probleme nicht vor euch herschieben, sondern sie gleich lösen sollt. In der neuen Kristallenergie der Fünften Dimension und höher geht das Auflösen und Heilen sehr schnell. So könnt ihr euch bereits nach kürzester Zeit wieder anderen Dingen zuwenden.

Danke für euer Sein.
In tiefer Liebe,
die Engel der Erzengel Raphael und Gabriel

Ursprung/Seelenessenz

Liebe Seelen der Erde,

wir alle stammen von derselben Seelenessenz. Wir alle haben einen Ursprung, die göttliche Quelle. Haben wir unsere Aufgaben erfüllt und unsere Seele so weiterentwickelt, erheben wir uns in die Ebene der göttlichen Quelle, wo alles, was existiert, eins ist. Dies kann sehr schnell gehen wie eine Explosion, oder noch ewig währen. Ihr befindet euch in eurem jetzigen Leben auf Erden in einer besonderen Phase, in der ihr die Möglichkeit habt, euch in einem „gemütlichen“ Tempo weiterzuentwickeln, um euer Bewusstsein zu erweitern. Eins zu sein mit eurer Seele, während ihr auf der Erde lebt, ist eine enorme Herausforderung für jeden von euch. Wenn ihr mehr und mehr mit eurer Seele eins werdet, wird sich euer Bewusstsein grenzenlos erweitern. Ihr werdet euch als neue Energieform spüren können, so, wie wir es bereits in unserer Dimension tun. Mehrere Seelen werden zu einer Energie verschmelzen und doch als zwei Körper auf Erden leben. Ihr könnt euch als Gruppenenergie verbinden, um mehr auf Erden zu erreichen. Materie und Energien werden im Laufe des Aufstiegs leichter, was euch einerseits vieles erleichtern, andererseits neue Situationen aufwerfen wird, die es gilt, zu meistern und zu lösen. Schon jetzt könnt ihr euch mit eurer Urseelenessenz verbinden, indem ihr euch mit der göttlichen Quelle verbindet. Sie ist die Uressenz.

Seelenpotenzial

Euer Seelenpotenzial eröffnet sich euch erst, wenn ihr bereit dafür seid. Oft wollt ihr dieses schon früher als erlaubt leben, aber glaubt uns, dass es genau im richtigen Moment zum Vorschein kommt. Euer Seelenpotenzial ist wie ein innerer Schatz, den ihr auf eurem Weg nach und nach entdeckt. Oft haben sich eure Fähigkeiten, die sich in eurem Seelenpotenzial verbergen, schon in eurer Kindheit gezeigt. Vieles, an dem ihr Freude hattet, liegt in euren Gaben. Achtet einmal darauf. Erinnert euch, was euch als Kind Spaß gemacht hat. Vielleicht habt ihr kleine Geschichten geschrieben und sie aus irgendwelchen Gründen wieder verworfen. Wenn ihr euer Seelenpotenzial öffnen wollt, wäre es gut, euch in eurem Sein zu stärken. Das könnt ihr zum Beispiel tun, indem ihr ganz zu euch steht, wahrhaftig seid, auf dem Boden bleibt und euren Selbstwert aufbaut. Öffnet sich euer Potenzial, solltet ihr stark in euch sein, denn die Energien, die freigesetzt werden, sind sehr hoch schwingend und kraftvoll. Auch wenn sich das ganze Potenzial nur nach und nach öffnet, braucht ihr ein starkes Sein, um alles verkraften zu können. Werdet bitte nicht ungeduldig, denn alles hat seine Zeit. Ungeduld, Angst und Zweifel bremsen die Öffnung eures Potenzials.

☆☆☆

Sich stärken

Nachstehend einige Beispiele zur Selbststärkung.

- Das Jetzt spüren und nicht auf euer Ego eingehen,
- eure Schwingung erhöhen,
- bei euch sein und die Konzentration auf euch lenken,
- eure Energien bei euch lassen und nicht zu sehr nach außen gehen,
  Stärkung eures Selbstwerts,
- Selbstvertrauen,
- Dinge tun, die euch Freude bereiten,
- in die Natur gehen,
- schwimmen und baden,
- kreativ tätig sein,
- singen,
- Konzentration auf eure Stärken lenken,
- bewusst atmen,
- euch mit neuen Projekten beschäftigen,
- eure Herzenswünsche realisieren,
- euren Impulsen folgen,
- Wahrnehmung der von uns gesendete Zeichen,
- meditieren,
- euch selbst Liebe senden,
- das Licht in euch spüren und euren Körper bewusst wahrnehmen,
- lachen,
- etwas mit Kindern unternehmen,
- Tiere streicheln,

- eure Herzensflamme wieder entzünden oder stärken, wenn sie zu schwach ist,
- eure Stärken und Fähigkeiten aufschreiben,
- euch etwas gönnen,
- an einen See oder ans Meer fahren,
- hoch schwingende Musik hören,
- Symbole zur Stärkung und Heilung einsetzen,
- Wasser kodieren,
- euch von Fremdenergien und Verstrickungen befreien,
- euch mit der göttlichen Liebe verbinden,
- einen Sternenatlas oder einen Bildband über das Universum ansehen (dies gilt besonders für Sternenmenschen). Bitte nur, wenn ihr euch mit eurem jetzigen Leben verwurzelt habt, sonst bekommt ihr zu starkes Heimweh.
- Schnurrende Katze auf dem Schoß,
- euch energetische Geschenke machen.

Das sind einige Vorschläge, um euch selbst zu stärken. Es ist wichtig, dass ihr euch regelmäßig stärkt und nicht zu viel an euch selbst arbeitet. Das kostet viel Kraft und sollte nur gezielt und ab und zu angewandt werden, denn diese Energien projizieren sich auch wieder in eure Zukunft. Findet eine Balance zwischen Stärkung, Leben und Transformationsarbeit. Im Jetzt zu leben, ist für viele Menschen schon schwierig genug. Legt bitte die Gewohnheit ab, ständig an euch arbeiten zu wollen. Genießt euer Leben und setzt eure Fähigkeiten und Ideen um, das ist das Leben in der Neuen Zeit.

Fähigkeiten leben

Liebe Seelen des Lichts auf Erden,

nun ist die Zeit, in der ihr es wagen könnt, eure Fähigkeiten offen zu leben. Ihr seid in euren Fähigkeiten individuell, und jeder trägt damit für die Vollendung des Ganzen bei. Wenn jeder seine Fähigkeiten lebt, wird sich alles in einem göttlichen Kreis des Seins fügen, wird rund und ganz. Jeder ist glücklich in seinem Tun, denn er folgt den Wünschen seiner Seele. Es ist wie ein großes Puzzle, das nur fertiggestellt werden kann, wenn jedes Stück zusammengefügt wird. Ist dies geschehen, ergibt alles einen Sinn, und Neues tut sich auf. Jede Seele, die sich entschieden hat, den Weg des Lichts zu gehen, wird früher oder später ihre wahren Fähigkeiten leben. Einige von euch werden es aus eigenem Antrieb tun, andere werden hingeführt, manchmal sogar auf eine heftige Art und Weise. Oft werdet ihr den Sinn während einer Transformationsphase nicht erkennen und verstehen, aber später, wenn ihr diese Phase abgeschlossen habt, werdet ihr wissen, warum. Vertraut uns, aber vertraut vor allen Dingen euch selbst und folgt euren Impulsen, denn sie werden euch auf dem Weg eures Herzens zu euren Fähigkeiten führen. Die individuellen Fähigkeiten einer jeden Seele fügen sich zu einem Ganzen zusammen, sodass alles geheilt werden und ein neues Zeitalter auf Erden beginnen kann.

Danke für euren Mut.
Die Engel des Erzengels Gabriel

Göttliche Kreativität

Liebe Seelen des Lichts,

viele von euch leben bereits im göttlichen Strahl und können sich vollkommen dem Fluss der göttlichen Kreativität hingeben. Fließt die Energie der göttlichen Kreativität durch euch und habt ihr alle Hindernisse aufgelöst, die sich in eurem göttlichen Kanal befunden haben, seid ihr frei, die göttlichen Impulse und Ideen zu empfangen und auf Erden umzusetzen. Künstler des Lichts wie auch spirituelle Autoren befinden sich frei in diesem Kanal göttlicher Energie, viele Lichtarbeiter jedoch haben noch Themen, die einen freien Fluss behindern. Zweifel und minderer Selbstwert, aber auch Ängste sind die hauptsächlichen Energien, die die göttliche Kreativität blockieren. Schaut genauer hin und heilt diese alten Energien in euch. Viele von euch haben ein immenses Potenzial, das nur darauf wartet, endlich geöffnet und gelebt zu werden. Es bleibt keine Zeit mehr, zu grübeln, zu überlegen oder von euren eventuellen göttlichen Ideen zu träumen. Jetzt ist die Zeit, um diese zu leiten und umzusetzen. Holt euch Hilfe, wenn ihr nicht mehr weiterwisst, wie ihr die Hindernisse in euch auflösen könnt. Wir brauchen eure Fähigkeiten, damit die Erde im Ganzen aufsteigen kann. Wir danken euch schon jetzt für euren Mut und senden euch die nötige Kraft, den Weg der göttlichen Kreativität zu gehen.

Die Delfine aus Atlantis, die auch in eurer Zeit in den Meeren der Welt unterwegs sind.

Göttliche Freude

Liebe Seelen auf Erden,

nun möchten wir euch erklären, was göttliche Freude ist. Diese besondere Energie der Freude erlangt ihr, wenn ihr euch eine zeitlang in eurem gegenwärtigen Leben befindet. Das Jetzt genießen und in euren Gedanken still werden. Eure derzeitige Situation, egal, in welchem Bereich, anzunehmen und euch dem Fluss des Lebens vertrauensvoll hinzugeben, sind die Voraussetzungen dafür, die göttliche Freude zu erfahren. Kinder fühlen diese besondere Freude und leben sie bis zu einem bestimmten Alter auch nach außen. Lernt von ihnen, denn die göttliche Freude ist Leichtigkeit, Spontaneität und Liebe. Ihr werdet ein Lachen in euch spüren, das hinaus will. Es kann sein, dass ihr in dem Moment nicht wisst, warum ihr eigentlich lacht, aber ihr verspürt liebevolle und reine Freude in euch. Lasst sie fließen. Es sind pure Leichtigkeit und göttliche Freude, die aus euch heraussprudeln möchten. Genießt diese seltenen Augenblicke. Wenn ihr euch weiter in der hohen Energie bewegt, werden die Momente der göttlichen Freude zunehmen. Entscheidet ihr euch jedoch für die niedrig schwingenden Energien, wird die Freude des Egos wieder Oberhand über euch gewinnen. Lebt bewusst und arbeitet jeden Tag an eurem spirituellen Erwachen, indem ihr euer Leben jetzt annehmt und genießt.

Danke.
Die Delfine der Meere

Höchste Liebe

Die höchste Liebe ist die Liebe, die alles umfasst und in der ihr eins mit allem seid. Es ist die höchste Form, die ihr in den Ebenen der Liebe erreichen könnt.

Liebe Menschenkinder,

die höchste Liebe ist die Liebe, die tief aus eurem Herzen, aus eurer Seele, verbunden mit der göttlichen Quelle, in und aus euch fließt. Diese Liebe strahlt aus eurem tiefsten Sein, aus eurer Seele, aus eurem Herzen heraus. Die Strahlen erfassen alles in eurer Umgebung und transformieren Altes und Dunkles in Liebe. Diese höchste Form zu lieben, kann nur geschehen, wenn ihr gelernt habt, euer Selbst bedingungslos zu lieben. Wenn ihr diese Meisterschaft erlangt habt, könnt ihr beginnen, durch eure Liebe eure Umwelt zu heilen, indem ihr sie in die Schwingung der göttlichen Liebe versetzt. Bereits jetzt sendet ihr phasenweise diese besonderen Strahlen der Liebe und ihre hohe Schwingung aus, auch wenn ihr euch dessen nicht immer bewusst seid. Diese noch meist unbewusste Macht, die ihr aus eurem Herzen strahlt, ist die reine Heilungsenergie der göttlichen Quelle, denn sie geschieht ohne Absicht und willentliches Handeln. Die Heilungsenergie, die aus der wahren göttlichen Liebe besteht, ist rein und klar wie das Wasser der Ozeane in Lemurien, Atlantis und Avalon. Wir kennen diese Liebe und haben die Fähigkeit, sie wahrzunehmen, zu spüren, zu leben und zu euch zu senden. Wir haben den Kontakt zu unserem

Selbst und zur göttlichen Quelle nie aufgegeben und können euch so in dieser besonderen Art und Weise helfen und euch in eurer Ganz- und Heilwerdung in die göttliche Wahrheit eures Selbst unterstützen. Die einzige Voraussetzung dafür ist, bereit zu sein, diese einzigartige Liebe zu empfangen. Ruft uns, und wir werden euch den Strahl der höchsten Liebe senden. Wir freuen uns, dass wir dies für euch tun können.

Die lichten Delfine der Liebe

☆☆☆

Göttliche Impulse

Liebe strahlende Seelen auf Erden,

ihr seid in der Erdentransformation bereits weit gekommen. Vieles habt ihr aufgearbeitet und gelöst. Heilung ist eingetreten, und ein neues Sein wächst gerade in euch heran. Ihr habt gelernt, auf euer Herz zu hören, auch wenn es manchmal schwierig war, weil die äußeren Umstände einen Widerstand darstellten, doch ihr habt es geschafft. Nun ist es an der Zeit, dass ihr lernt, euren Impulsen zu folgen. Impulse sind kleine Motivationen in euch, die nur kurz aufblitzen und dann wieder verschwinden, wenn ihr ihnen nicht sofort nachgeht. Wenn sie wichtig für euch sind, werden sie in regelmäßigen Abständen in euren Gedanken erscheinen, um euch daran zu erinnern, sie umzusetzen.

Impulse, die aus euch kommen, sind göttlich. Sie können direkt eurer Seele entspringen, aber auch eurem Herzen und/oder der göttlichen Quelle. Es sind winzige Energien wie kleine Gedanken, die immer wieder in euch aufblitzen. Es können auch Gefühle sein, die nicht voll ausgelebt werden, sondern nur kurz zu spüren sind. Oft erscheinen Impulse, während ihr etwas tut, und ihr könnt daher manchmal nicht sofort erkennen, dass ihr eine „Minibotschaft" erhalten habt. Oder es fehlt die Zeit, dem Impuls im selben Moment zu folgen. Bitte lernt, eure Impulse wahrzunehmen und ihnen so schnell wie möglich zu folgen beziehungsweise sie umzusetzen. Es können auch Hinweise zur Stärkung eures Seins sein. Oder ein einfaches Zeichen, dass es besser für euch ist, nicht links, sondern rechts auf eurem Weg abzubiegen. Wir meinen den realen Weg, wenn ihr zum Beispiel einkaufen geht. Oder ihr erhaltet eine Minibotschaft, welche Vitamine oder Mineralien ihr zu euch nehmen solltet, damit es euch besser geht.

Wenn ihr diese Impulse fühlt, ist es meistens richtig, sie in diesem Moment auch auszuführen. Achtet einmal darauf. Es können sich dahinter kleine Vorahnungen verbergen, kleine energetische Blitze, die kurz in eurem Bewusstsein aufleuchten und wieder verschwinden. Diese Vorahnungen können Informationen sein, zum Beispiel, wer demnächst bei euch anrufen wird oder wen ihr bald „zufällig" treffen werdet, aber auch, welche Seele sich entscheidet, ins Licht zu gehen. Oft könnt ihr diese Art von Zeichen nicht bewusst wahrnehmen oder festhalten, so schnell kommen und gehen sie. Achtet hier mehr auf euer Gespür. Noch ist eure Wahrnehmungsfähigkeit nicht voll ausgeschöpft. Dahinter verbirgt sich noch viel Potenzial. Folgt nicht nur eurem Herzen im Großen, sondern auch seinen „kleinen" Impulsen.

In tiefer Dankbarkeit,
die Seraphim

☆☆☆

Visionen des Herzens

Liebe Menschenkinder,

es ist wichtig, dass ihr genau wisst, was ihr in der Neuen Energie in eurem Leben wollt. Dies ist von großer Bedeutung, da euer Raum des Lebens ohne Wünsche, Visionen und Vorstellungen leer ist. Alles wird schneller in die Umsetzung gehen, egal, in welche Richtung. Deswegen solltet ihr euch nach eurer Transformationsarbeit auf das Neue in eurem Leben konzentrieren. Vieles habt ihr losgelassen, noch mehr habt ihr in euch aufgelöst, und viele Wunden habt ihr geheilt, aber nun ist die Zeit gekommen, in der es gilt, eure Aufmerksamkeit auf eure inneren Stärken, Visionen und Fähigkeiten zu richten. Was wollt ihr? Wie möchtet ihr leben? Wie wollt ihr euch fühlen? Was wollt ihr erleben? Was möchtet ihr verwirklichen? Welche Träume sollen Wirklichkeit werden?

Für diesen Weg ist es von großer Bedeutung, dass ihr um die Visionen eures Herzens wisst, denn diese kommen von Gott, aus eurer Seele, und sie lassen euren goldenen Weg des Lebens sichtbar werden. Sie füllen ihn mit goldener Energie, die euch in Reichtum, Fülle und Liebe begleitet. Eine oder auch mehrere Visionen sind wichtig, um ein Ziel zu haben. Ohne Ziel werdet ihr umherirren, das Leben sinnlos finden und nach einiger Zeit wieder in die alte Spirale des Egos fallen. Gefühle werden zum Vorschein kommen, die ihr längst hinter euch gelassen hattet. Sätze, wie zum Beispiel: „Ich möchte gebraucht werden“, „Ich möchte etwas leisten“, „Ich möchte geliebt werden“, „Ich möchte etwas darstellen“, werden wieder in euren Gedanken kreisen. So verfallt ihr in alte Muster und verpasst die Möglichkeit, ein Leben in der Neuen Energie aufzubauen. Deswegen ist es so wichtig, einen neuen Wegweiser vor Augen zu haben: die Visionen eures Herzens.

Diese unterscheiden sich sehr von den Zielen der alten Energie. Visionen des Herzens beinhalten auch die eigenen Herzenswünsche, sind aber mit der göttlichen Quelle oder anderen Lichtwesen enger verbunden. Sie sind tief in eurer Seele verankert und wurden bereits vor Jahrtausenden festgelegt, damit sie in der Phase des Aufstiegs der Erde, in der ihr euch jetzt befindet, zum Vorschein kommen können. Sie sind die Visionen eurer Seele, die sich nun auf Herzensebene zeigen.

Visionen des Herzens sind oft auf den ersten Blick nicht realisierbar, wenn ihr mit eurem Verstand denkt. Oft fehlen scheinbar die finanziellen Mittel oder andere „Basiswerkzeuge“ der Erdenebene, um sie zu verwirklichen. Aber wenn die Zeit gekommen ist und ihr euch wirklich aus tiefstem Herzen dafür entscheidet, wird sich der Nebel lichten und die Hülle auflösen, die wie eine unsichtbare Geschenkverpackung um diese Vision gelegt worden war, um sie zu schützen. Nun kann die Energie der Vision auf Erden Wirklichkeit werden. Zeichen werden euch weisen, göttliche und menschliche Hilfe werden euch unterstützen, und Geschenke werden auf eurem Wege bereit liegen. Dies alles kann erst in Gang gesetzt werden, wenn ihr euch für eure Visionen entscheidet, ohne Wenn und Aber.

Visionen, die dem Herzen, der Seele entspringen, sind immer im Sinne des höchsten Wohls. Sie sind wichtig für die Menschen, die Erde und die Tiere, ja, für das gesamte Universum. Folgen alle Menschen ihrer Vision, wird eine energetische Gemeinschaft gebildet, in der jeder seinen Platz einnimmt, der für ihn vorgesehen ist. Ein Kreis der Vollendung bildet sich. Jeder lebt seine Aufgabe, für die er auf Erden gekommen ist. Jeder geht den Weg seines Herzens und lebt seine Berufung. Jeder lebt seine individuellen Fähigkeiten. Friede sei mit euch!

Danke, dass ihr zugehört habt.
Die Engel des Erzengels Metatron

☆☆☆

Kommunikation

Liebe Seelen auf Erden,

wir freuen uns sehr, dass viele von euch bereits den Weg der neuen Kommunikation gehen.

Wie ihr bestimmt schon bemerkt habt, sind viele Wege der herkömmlichen Kommunikation manchmal versperrt oder blockiert. Wir sprechen nicht nur von den Medien wie Mobilfunktelefone, Festnetz-Telefone, Fernsehen, Radio oder Zeitung, sondern auch von der zwischenmenschlichen Kommunikation. Viele Beziehungen sind so verhärtet, dass ein normales Gespräch oder ein Treffen nicht mehr möglich ist, sodass eine neue Art der Kommunikation gefunden werden muss, um die Fronten aufzuweichen. Wir bitten euch, auf der energetischen und seelischen Ebene mit den Menschen zu sprechen, mit denen eine Kommunikation auf Erdenebene nicht mehr funktioniert. Schickt ihnen Liebe, Achtung und Verständnis. Sprecht in Gedanken mit ihnen, was euch am Herzen liegt oder was ihr nicht gut findet und ihnen schon lange sagen wolltet. Erklärt ihnen, wie ihr euch fühlt und gefühlt habt. Beginnt ein Gespräch mit der Seele, um wenigstens auf der energetischen und seelischen Ebene eine Kommunikation miteinander zu finden. Dies gilt auch für unglückliche Beziehungen, Trennungen, Streit oder Disharmonien am Arbeitsplatz oder zu Hause. Ist es für euch nicht möglich, direkt mit den Menschen zu sprechen, tut es über die höher schwingenden Ebenen. Es wird sich positiv auf euer Leben und die jeweilige Situation auswirken.

Herzkommunikation

In der Neuen Zeit ist die Kommunikation über euer Herz, also von Herz zu Herz, am wichtigsten. Sei es, wenn ihr euch gegenübersteht oder über die Ferne kommuniziert. Lasst bewusst euren Herzensstrahl zueinander fließen, dadurch entsteht eine neue Qualität der Kommunikation, sie wird auf eine höhere Ebene gehoben, was wahre Wunder bewirken kann. Auch das gerade entstehende Herznetz ist besonders energetisch, das alle Menschen mit ihrem Herzen miteinander verbindet, sofern sie sich auf der Ebene der Herzensliebe befinden. Menschen, die mit offenem Herzen leben, werden sich gegenseitig wahrnehmen und erkennen und eine neue Ebene des Seins und der Beziehung zueinander schaffen.

☆☆☆

Seelenkommunikation

Bei der Seelenkommunikation findet das „Gespräch" direkt auf Seelenebene statt. Einige Lichtarbeiter haben sogar die Gabe, mit den Seelen der Menschen direkt zu kommunizieren. Viele Abmachungen und Versprechen werden auf Seelenebene getroffen, meistens bevor die jeweiligen Seelen inkarnieren. Diese „Verträge" können bereits in früheren Leben getroffen worden sein. Viele abgeschlossene Verträge oder Versprechen und Schwüre verlieren in der Neuen Zeit an Gültigkeit und Wichtigkeit. Diese gilt es nun zu erkennen und aufzulösen, um frei für den Ruf eurer Seele zu sein. Viele Seelenpartner haben sich diese Versprechen in früheren Leben gegeben, haben aber nicht die Möglichkeit oder die Kraft, diese in ihrem jetzigen Leben einzuhalten. Damit nicht alle Beteiligten in dieser unglücklichen Lage stecken bleiben, wenn zum Beispiel einer auf seinem Weg weiter ist, gilt es, nach einer Zeit des Lernen und Vertrauens Entscheidungen zu treffen. Versprechen, Verträge und Ähnliches können aufgelöst werden. All dies könnt ihr mit eurem Seelenpartner auf seelischer Ebene „besprechen", klären und lösen, wenn ihr nicht die Möglichkeit habt, ihm auf Erden gegenüberzustehen.

Auch Vergebung und andere Handlungen der Heilung können von euch auf Seelenebene mit der betroffenen Seele vollzogen werden. Seid ihr auf Seelenebene im Frieden, kann auch in die Beziehung auf Erden Frieden einkehren. Könnt ihr nicht auf Seelenebene kommunizieren, bittet einen Lichtarbeiter um Hilfe.

Wir danken euch für eure Aufmerksamkeit.
Die Engel des Erzengels Chamuel

☆☆☆

Seelische Tiefe

Seelische Tiefe entsteht, indem ihr alles, was euch ausmacht, loslasst. Alles bedeutet: alte Strukturen und Programme, alte Gedanken, Verstrickungen und Verknüpfungen zu anderen Menschen, alte Erziehungsmuster, Abhängigkeiten usw. Die seelische Tiefe wird erreicht, wenn das bloße Sein, die wahre Seelengöttlichkeit, in euch gelebt wird. Das geht nicht von heute auf morgen, sondern wird durch stetige und jahrelange Transformation erreicht, wie eine symbolische Zwiebel, die ihre Schalen nach und nach fallen lässt. Irgendwann kommt ihr dann zu eurem wahren Kern, eurer Seele. Diese zu leben erfordert viel Mut und Durchhaltevermögen, denn der Weg zu ihr weist euch in Richtungen, die ihr vorher nicht gewagt habt zu gehen. Die seelische Tiefe wird bei uns als Basis vorausgesetzt, um in einer neuen Welt, in einer höheren Dimension leben zu können. Grenzen fallen, Mauern lösen sich auf, und es entsteht eine göttliche Grenzenlosigkeit, die Grenzenlosigkeit des Seins. Seid ihr in der Fünften Dimension angekommen, werdet ihr bemerken, dass sich die Hälfte eures Alltags bewusst auf der energetischen Ebene abspielt. Natürlich ist alles energetisch, aber ihr werdet die Spiritualität noch mehr einbauen beziehungsweise einbauen müssen, da euer Leben und der Alltag sonst nicht mehr funktionieren und eure Schwingung wieder absinkt.

Die seelische Tiefe ist wie ein Meer des göttlichen Ozeans des Universums, sie verbindet alles mit allem.

Also seid darauf gefasst, dass sich neue Horizonte und Welten auftun, die sich euch erst dann zeigen, wenn ihr bereit seid, neue Lebensformen und Arten zuzulassen. Alles wird einfacher und leichter, vertraut darauf. Lebt ihr die seelische Tiefe vollkommen, fühlt es sich an wie eine blaue Murmel, die durch das Universum auf bestimmten Bahnen rollt. Später gibt es auch diese strukturierten Bahnen nicht mehr, sondern ihr könnt mit eurem Sein durch das Universum schweben und fliegen.

Um zu seelischer Tiefe zu gelangen, hilft es, in der Gegenwart zu leben und sich mit den Energien der Meere und deren Bewohner zu verbinden. Die Einnahme von Algen unterstützt euch, diesen Weg zu gehen. Vergesst dabei aber nicht, die Elemente in euch regelmäßig auszugleichen und in Balance zueinander zu bringen. Dasselbe gilt auch für eure weibliche und männliche Seite.

Das Verbinden mit der göttlichen Quelle, mit dem Kristallgitter und eurem Herzen ist der wichtigste Bestandteil in eurem Alltag, um in eurer Mitte und in einer höheren Schwingung zu bleiben.

Wir senden euch Liebe für euer Glück, auf Erden zu sein.

Die Delfine der Meere

Seelische Weite

Liebe lichtvollen Seelen des Planeten Erde,

die seelische Weite ist die Grenzenlosigkeit in eurem Sein. Begrenzte Vorstellungen eures Verstandes halten euch davor zurück, Wunder geschehen und in euren Augen Unmögliches erschaffen zu lassen. Die alten Denkweisen der Dritten Dimension behindern die Weiterentwicklung eures Bewusstseins. Werft sie über Bord und geht den Weg des Glücks und der Wunder. Lasst euch überraschen, wenn ihr alle alten Vorstellungen hinter euch gelassen habt, und seid neugierig und gespannt, wie Wunder eintreten können. Ist euer Geist frei, können alle Herzenswünsche erfüllt werden. Reinigt regelmäßig euer Denken, damit ihr eine leere Weite und so eine göttliche Freiheit in eurem Geist entstehen lasst. Die seelische Weite ist die höchste Form der Grenzenlosigkeit eures Seins und beginnt zuerst in eurem Kopf, Geist und Denken, oder wie ihr es nennen mögt. Nur wenn ihr im Kopf frei seid, habt ihr Platz für Neues. Einen neuen Raum, um das Glück und das Unvorstellbare empfangen zu können. Diese Grenzenlosigkeit zieht sich, je mehr ihr in die Fünfte Dimension aufsteigt, durch alle Ebenen eures Seins. Genießt es und lernt wieder, Wunder in dieser grenzenlosen Weite eures Seins geschehen zu lassen. Wir unterstützen euch mit großer Freude dabei.

Die lichtvollen Delfine aus Atlantis

Begegnung von Mensch zu Mensch

Liebe Seelen des Lichts,

wenn die Schwingung auf Erden und ihrer Bewohner zunimmt, wird das Aufeinandertreffen von Menschen intensiver. Die Wahrnehmung zueinander wird sensitiver und stärker. Menschen, die bereits ihr Herz geöffnet haben, verbinden sich bei jeder Begegnung sofort mit dem Herzen des Gegenübers, auch wenn dessen Seele noch nicht mit offenem Herzen lebt. Während dieses Zusammentreffens, und sei es nur für einige Minuten, nimmt der Mensch mit dem offenen Herzen die Energie der hellen und dunklen Seiten seines Gegenübers vollkommen wahr und nimmt sie in seinem Herzen auf. Er wird diese fremden Energien einige Zeit mit sich tragen, bis er es bemerkt und sie wieder in Frieden an den anderen zurückschickt.

Diese Wahrnehmung der Unterscheidung von fremden und eigenen Energien ist sehr wichtig, damit ihr nicht die Probleme der anderen tragt und transformiert. Bemerkt ihr es nicht, dass ihr fremde Energien mit euch herumschleppt, kann das auf Dauer sehr anstrengend und schmerzhaft werden. Das ist bei zwei Menschen, die beide ihr Herz geöffnet haben, anders, da in dem Moment des Zusammentreffens eine neue kreative Energie gebildet wird, die für die weitere Transformation der Erde und ihrer Heilung genutzt werden kann. Bei einem Zusammentreffen zweier Menschen, in der einer noch nicht mit offenem Herzen lebt, erhält dieser jedes Mal von Neuem die Gelegenheit, die besondere Herzensliebe von seinem Gegenüber zu empfangen, um seine Mauern abzubauen und sein Herz zu heilen.

Wir segnen euch in eurem glanzvollen Sein.
Die Engel des Erzengels Haniel

☆☆☆

Wirkung von Sprache und Worten

Liebe Seelen der Erde,

nun ist die Zeit gekommen, in der ihr bereit seid, neues Wissen zu empfangen, damit ihr die neue Welt zu eurer machen könnt. Es werden viele Ereignisse geschehen, die euch nicht glauben lassen, dass sie wirklich passieren. Um eure Herzenswünsche wahr werden zu lassen, verbindet euch mit eurer Seele und der göttlichen Quelle.

Wir möchten nun auf die Wirkung eurer Worte zu sprechen kommen. Das Wort, das ihr untereinander sprecht, wird eine neue Bedeutung bekommen, denn die Sprache und ihre Worte sind bereits jetzt auf Erden von großer Wichtigkeit. In der Fünften Dimension wird die Energie eurer Worte kraftvoller und stärker, deshalb achtet darauf, sie weise zu wählen, denn sie könnten wahr werden und andere sogar schädigen oder verletzen.

Die euch jetzt bekannte Kommunikation wird sich verändern. Oberflächlichkeit wird verschwinden, und Klarheit und Liebe werden ihren Platz auf der energetischen Ebene einnehmen. Alles wird Tiefe in sich haben; leichte Themen, wie zum Beispiel Mode und Style, wird es nach wie vor geben, aber auch sie schwingen in der göttlichen Leichtigkeit und Freude. Urteilende und abwertende Worte eurer Mitmenschen und euch selbst gegenüber sollten nicht mehr ausgesprochen oder gedacht werden. Alles, was ihr an Energien aussendet, wird in doppelter Geschwindigkeit zu euch zurückkommen. Lernt endlich, mit einer stärkenden, aufbauenden und liebevollen Sprache zu kommunizieren, der Sprache eures Herzens.

Sobald ihr etwas aussprecht, wird dies in seiner Energie nach außen gesendet. Denkt ihr es nur, bleibt es in eurer Aura. Besonders die beurteilende Gedanken werden als niedrig schwingende Energieform in eurem energetischen Außenbereich bleiben. Da ihr es bis jetzt gelernt habt, Grenzen einzuhalten und eure Energien auf euch zu konzentrieren, bleiben diese negativen Gedanken bei euch. Sie halten sich sozusagen bei euch auf und ziehen so dieselben Energien wieder an. Nur wenn ihr es ausspr echt, wird ein Teil davon über eurer Feld nach außen gesendet, was alles noch viel schlimmer macht, denn ihr erhaltet eine rasant schnelle Antwort auf eure Energieaussendung. Aber diese physikalische Reaktion kennt ihr ja bereits alle.

Liebevolle Worte stärken euer energetisches Feld und euer Sein. Auch die Achtung anderer unterstützt euch. Wir haben nie verstanden, warum ihr euch gegeneinander ausspielt und versucht, euch zu zerstören. Alles läuft so viel beschwerlicher, als wenn ihr die hohe Energie der Liebe aufrechterhaltet. Wenn euch etwas nicht passt, geht direkt zu der Person und sagt ihr das in Klarheit, Neutralität und aus wahrem Herzen, dann ist es einmal ausgesprochen, beide Parteien wissen Bescheid, können es annehmen und daran arbeiten. Das ist sehr wichtig, denn Unausgesprochenes kann vieles zerstören, wie zum Beispiel Herzenswünsche, Liebesverbindungen oder das Herznetz auf Erden, und hat großen Einfluss auf die Heilung der Erde. Also sendet Liebe zu euch, euren Mitmenschen, den Tieren, der Natur und der Erde.

Alles wird größer von seiner Wirkung.

Erzengel Metatron

☆☆☆

Gesang als Heilung für die Natur und das Leben

Lieben Seelen auf Erden,

Der Gesang und das Tönen werden auf Erden an Wichtigkeit zunehmen. Auch die Seelen, die denken, sie könnten nicht singen, werden diese starke Heilmethode anwenden. Es geht nicht darum, perfekt singen zu können, sondern euren eigenen Seelenton zu finden. Habt ihr ihn gefunden, könnt ihr beginnen, euren Lebensbereich damit zu energetisieren und zu heilen. Besonders die Menschen, die sich entschlossen haben, wieder Pflanzen anzubauen, können den Gesang eigener Melodien oder einfache Töne und Vokale für ein gesundes Wachstum nutzen. Stellt euch in den Garten oder in den Wald und fangt an, zu singen/zu tönen. Dadurch verbindet sich euer Herz sofort mit der göttlichen Quelle, und euer Kanal öffnet sich. Von der göttlichen Quelle wird ein Energiestrom durch euch hindurchgeschickt, der sich mit eurer Herzens- und Seelenenergie verbindet und nach außen gesendet wird. Stellt euch vor, wohin ihr diese heilende Energie fließen lasst. Dazu könnt ihr eure Fähigkeit der Visualisierung, die ihr jahrelang geübt habt, anwenden. Es ist nicht wichtig, dass ihr schön singt, sondern dass ihr singt. Lasst den Vokal oder die Sprache durch euch hindurch, der/die kommen möchte. Vertraut darauf, dass genau die göttliche Energie durch euch fließt, die gerade gebraucht wird.

Ist die Erde oder der Garten geschwächt, könnt ihr sie/ ihn durch Singen stärken und energetisieren. Ihr könnt die

Erde, die Pflanze oder anderes auch in ihrer Zusammensetzung verändern. Fehlt der Erde eures Gartens zum Beispiel ein bestimmtes Mineral, könnt ihr dieses als Energie durch euren Gesang in die Erde einfließen lassen. Stellt euch vor, wie die Informationen, der Name des gewünschten Minerals und seine Energie, von den Lichtwesen und der göttlichen Quelle durch euch gesendet werden. Diese Methode könnt ihr nicht nur mit Singen anwenden, sondern auch mit der Energie, die durch eure Hände und euer Herz fließt.

In eurem Garten gibt es nicht nur die Wirkung der Heilung durch euren Gesang, sondern ihr könnt auch euren Lebensbereich damit stärken, energetisieren und verändern. Geht dazu in den dazugehörigen Raum in eurer Wohnung und singt. Wenn ihr die Energie eures Gesangs mit Liebe und Vertrauen oder Freude anreichert (je nachdem, was ihr euch wünscht) und in einen Bereich oder eine Situation eures Lebens einfließen lasst, tragt ihr damit zur Heilung und Klärung bei. Das könnt ihr auch über eure Hände tun, wenn ihr absolut nicht singen möchtet. Auch Trommeln und andere Techniken können als Hilfsmittel zur Heilung, Reinigung und Energetisierung verwendet werden.

Für Kinder ist das Singen besonders wichtig, dadurch heilen sie sich selbst. Auch wenn die Mutter, der Vater, der Opa, die Oma oder andere enge Freunde und Familienangehörige mit ihnen singen, hat das eine besondere Wirkung auf die Kinder. Am innigsten jedoch ist der

Gesang der Mutter, denn sie verbindet damit beide Herzen und schafft in dem Moment einen eigenen Raum ihres Seins. Ähnlich wie in der Schwangerschaft entsteht ein einzigartiges Sein. Dies geschieht auch, wenn die Mutter ihr Kind in den Armen hält, es wiegt oder mit ihren Händen streichelt.

Einige Heiler und Lichtarbeiter haben die Fähigkeit, mit ihrem Gesang Menschen, Tiere und/oder die Erde zu heilen. Doch jeder kann damit in seinem Lebensbereich die heilende und stärkende Wirkung nutzen.

In tiefer Liebe und Achtsamkeit,
Erzengel Raphael

☆☆☆

Perspektivenwechsel

Liebe Seelen des Lichts,

die Dimensionen haben sich bereits verschoben, und es kommen nun neue Dinge in eurem Sein hervor. Verschieben sich die Dimensionen, verändert sich euer Blickwinkel zu manchen Dingen. Menschen, die sich noch in der anderen, in dem Fall niedriger schwingenden Dimension befinden, senden ihr Leid noch stärker aus als sonst. Jedenfalls erscheint es euch so, da ihr durch euren veränderten Blickwinkel das Agieren des Egos und die daraus entstehenden Illusionen deutlicher spüren und erkennen könnt. Es sieht so aus, als wäre alles noch schlimmer, als es eh schon war. Aber dieser Eindruck täuscht, denn durch den Dimensionswechsel haben sich die verschiedenen Dimensionen – wie bei einem Erdbeben die Erdkrusten – auseinandergeschoben, horizontal und vertikal. Die einen schauen zu den anderen herunter, die anderen hinauf, und dadurch entsteht auf der energetischen Ebene ein großer Riss in der gewohnten Dimension, der alle erst einmal erstaunen lässt. Der Abstand zu den anderen Wesen auf Erden, die sich nicht für den lichten, den Weg des Herzens, entschieden haben, ist so groß geworden, dass eine Verbindung auf der Erdenebene nur noch schwer möglich ist. Kommunikation wie auch spirituelle und energetische Hilfe sind schwieriger geworden. Es gibt nun nicht mehr viele Gelegenheiten für die erwachenden Spätzügler, sich für den Weg in die höhere Dimension zu entscheiden. Bleiben sie, symbolisch gesehen, auf der einen „Eisscholle“ und verpassen den Absprung auf die andere, die in die neue Welt gleitet, wird der Abstand zu groß, um die Eisschollen noch wechseln zu können.

Auch Zusammentreffen, zum Beispiel von früheren Freunden, Kollegen oder Bekannten, können zuweilen ohne Worte verlaufen, weil sich die Beteiligten nichts zu sagen haben. Es herrscht das bloße Erstaunen darüber, dass keine Worte für ein Gespräch gefunden werden, zu unterschiedlich sind sie in ihrer Schwingung und in ihrem Sein. Diese Sprachlosigkeit ist kein bewusster Stillstand der Kommunikation, sondern die momentane Situation zweier oder mehrerer Menschen, die sich in verschiedenen Richtungen weiterentwickelt haben und keine Verbindung mehr zueinander finden. Dieser Kontakt, wenn man es überhaupt noch so nennen kann, ist in einer neutralen Energie gehalten. Wie bei zwei Wesen von verschiedenen Welten, die eine friedvolle Begegnung haben, oder, besser gesagt, friedlich aneinander vorbeigehen.

Seelen, die sich für den lichten Weg entschieden haben, können natürlich auch Kontakt zu Menschen aus der Dritten Dimension haben. Viele müssen sich täglich in diese Schwingung begeben, um zu arbeiten oder alltägliche Dinge zu erledigen. Lasst ihr euch auf ein Gespräch ein, das niedriger schwingt, ist das vollkommen in Ordnung und manchmal auch notwendig. Nur die Themen, die eure Mitmenschen aufwecken würden, lasst bitte bei euch. Die Zeiten der Aufklärung sind endgültig vorbei. Nur bei Menschen, die sich für den neuen Weg entschieden haben, und stehen sie auch noch ganz am Anfang, ist ein Energieaufwand der Aufklärung, Motivation und Hilfe sinnvoll. Alle Menschen auf Erden hatten in den letzten Jahren genug Möglichkeiten, ihre Chance zu nutzen, ein neues Leben zu beginnen und ein neues Denken und Bewusstsein entstehen zu lassen.

Danke für euer Sein und für eure Aufmerksamkeit.
Die Engel des Erzengels Gabriel

☆☆☆

Neutraler Raum

Liebe lichte Seelen,

wenn ihr Dinge erledigen müsst, die noch in der alten Energie schwingen, schafft euch einen neutralen Raum, der auf der Zeitlinie zwischen Vergangenheit und Zukunft liegt. Dort könnt ihr eintreten und die Arbeiten der alten Energien beginnen, ohne euch ganz in diese zu begeben. Auch wenn ihr euch schon von der Dritten Dimension gelöst habt, ist dieser Raum sehr wichtig, um die erdhaften Erledigungen zu beenden, die in der alten Energie erledigt werden müssen. So lasst ihr die Energien in der Vergangenheit, wo sie hingehören, und nehmt sie nicht mit in die Zukunft. Dieser Raum ist auch gut, um Altes zu beenden und frei in die Neue Zeit zu gehen.

Diesen Raum könnt ihr für materielle Dinge oder für energetisches und spirituelles Arbeiten benutzen. Er ist neutral in seiner Energie und liegt auf der Ebene der Gegenwart. Er ist frei von allem und gibt euch die Chance, alles wertfrei, neutral und ohne Emotionen zu betrachten, zu bearbeiten und zu erledigen/aufzulösen.

Auch könnt ihr einen neutralen Raum für die Neue Energie nutzen, indem ihr eure Visionen dort hineingebt. Dieser ist aber nach einer Seite hin offen, die mit der höheren Dimension verbunden ist. Viele Visionen werden zwar in eurem Herzen schon gelebt oder visioniert, können aber noch nicht auf Erden verwirklicht werden, da die

Schwingung der Erde noch nicht hoch genug ist. In diesem Raum sind die Visionen geschützt, zur höheren Dimension hin offen und mit euch verbunden. So können die Visionen aufrechterhalten werden, und ihr gebt ihnen die Möglichkeit, real zu werden, weil sie zur richtigen Zeit in die neue Dimension gehen. Da eure Visionen mit eurem Herzen verbunden sind, werden sich diese euch auf Erden zeigen und verwirklichen.

Arbeitet mit dem neutralen Raum!

Der Aufgestiegene Meister Helos

☆☆☆

Mit Farben leben und arbeiten

Im Alltag

Liebe lichte Seelen auf Erden,

Es ist für uns von großer Bedeutung, wenn ihr mit euren Fähigkeiten sooft wie möglich arbeitet. Wir möchten euch bitten, auch die Wirkung der Farben in eurem Alltag nicht außer Acht zu lassen. Ihr könnt mit Farben viel bewirken und auch euer Leben auf Erden damit einfacher gestalten. Die Energie der Farben könnt ihr auf mehreren Ebenen einsetzen: auf der Erdenebene, der energetischen und der seelischen Ebene. In eurem alltäglichen Leben könnt ihr eure Intuition dazu nutzen, euch mit den heilenden Energien der Farben zu verbinden und zu umgeben. Ihr könnt energetischen Mangel in euch mit Farben ausgleichen und euch mit Farben stärken. Das fängt bei der täglichen Kleidung an und hört bei der Farbe der Bettwäsche abends auf. Folgt euren Eingebungen und Gefühlen. Ist euch an einem Tag eher nach einem roten Pulli zumute, dann zieht ihn an, fühlt ihr euch an einem anderen Tag zu einem türkisfarbenen hingezogen, zieht diesen an. Auch die Farbe der jeweiligen Nahrungsmittel hat ihre Wirkung auf euch. Eine rote Paprika wirkt anders als eine grüne. Lernt zu spüren, welche farbigen Nahrungsmittel ihr an jedem neuen Tag benötigt. Dazu gibt es bereits viele Bücher, und wir möchten hier nicht alles aufzählen, sondern euch nur darauf hinweisen, dass ihr euch auch in diesem Bereich mit den Energien und Bedeutungen der Farben unterstützen könnt. Beim Kochen und vor dem Essen könnt ihr die Energien der farbigen Strahlen einzelner Engel anwenden. Dazu könnt ihr euch vorstellen, wie ihr mit euren Händen diese göttlichen Energien in Rosa oder Grün auf euer Essen einströmen lasst und es damit segnet. Bittet um den göttlichen Strahl von Erzengel Raphael oder Michael, je nachdem, wen ihr möchtet. Dies muss nicht lange dauern, und mit ein bisschen Übung und Vorstellungskraft gelingt euch das in Sekundenschnelle. Farben könnt ihr auch zu Hause einsetzen. Dazu gibt es die östlichen Lehren des Feng Shui, die alte Farbenlehre, die energetische und spirituelle Bedeutung von Farben, ihre Heilkraft und eure eigene Intuition und Vorlieben, was die Auswahl der Farben betrifft.

Im Garten

In eurem Gärten könnt ihr mit den verschiedenen Farben spielen, indem ihr bewusst Farbpunkte an bestimmte Orte setzt. Intuitiv werdet ihr die Farben wählen, die für euer Sein wichtig sind und euch in eurer Heilung unterstützen. Ihr könnt die heilende Wirkung des Zusammenspiels von Farbe und Art der Pflanze gezielt in eurem Garten einsetzen, um euch zu stärken, Energien auszugleichen oder Mangel aufzuheben. Bei der Auswahl helfen euch die wild wachsenden Kräuter, Blumen und Pflanzen, denn sie zeigen euch, wo ihr im Mangel lebt und welche körperlichen Beschwerden oder Blockaden sich noch in euch befinden. Sie spiegeln euch. Achtet einmal auf die Pflanzen, die gehäuft in eurem Garten auftreten, und lest über ihr Bild und ihre Heilwirkungen nach, wie auch die alten Geschichten und Sagen zu diesem Gewächs. Dadurch werdet ihr vieles über diese wundersamen Geschehnisse in eurem Garten erfahren. Ein Mensch zum Beispiel, der unter Depressionen leidet, wird in seinem Garten mehr Johanniskraut vorfinden als der mit einer chronischen Bronchitis. Denn die Kraft des Johanniskrauts wird unter anderem zur Aufhellung des Gemüts und zur Heilung von Depression eingesetzt. Achtet auf eure Pflanzen, die wild in eurem Garten wachsen und sich stetig vermehren. Euer Garten ist der Spiegel eurer Seele. Auch das Wissen über die Bedeutung der Pflanzen bei den Kelten, den Schamanen, den Indianern und den Geomanten kann sehr erkenntnisreich sein.

Zur Unterstützung des Wachstums wie auch zur Energetisierung, Heilung und Reinigung könnt ihr die Kraft der Farben auf energetischer Ebene anwenden. Lasst die Farbstrahlen durch eure Hände strömen und auf die Bereiche eures Gartens strahlen, die dieser besonderen Energie bedürfen. Wie auf den Bildern der Heiligen fließen die verschiedenen Farben durch eure Hände. Visualisiert und stellt euch vor, wie die einzelnen Farben euren Garten vitalisieren, heilen usw. Dabei ist es auch wichtig, die Farbe zu wählen, die ihr intuitiv spürt. Seid ihr noch nicht so weit, eure Intuition zu verstehen, vertraut darauf, dass genau die Farben durch euer Hände strömen, die für euren Garten richtig sind. Diese Vorgehensweise der Behandlung eures Gartens könnt ihr vor Ort oder aus der Ferne durchführen.

Die Elementarwesen werden euch gerne bei eurem Tun behilflich sein.

Danke für euer Sein.
Die Engel der Erde

☆☆☆

Neue Lebensformen bilden

Gründet spirituelle Gemeinschaften. Diese können aus nur zwei Mitgliedern bestehen. Nicht immer müsst ihr größere Gruppen bilden oder in großen Gemeinschaften leben. Zwei Seelen auf der Erdenebene reichen, um eine bestimmte Kraft zu entwickeln, damit ihr in der Neuen Zeit einfacher leben und Wünsche und Visionen leichter verwirklichen könnt. Menschen, die ohne Partner leben, können sich mit Seelenbrüdern und -schwestern zusammenschließen. Im Laufe eurer spirituellen Transformation werdet ihr zu den Menschen geführt, mit denen ihr eine intensive Herzverbindung aufbauen könnt. Menschen, die alleine leben, können sich auf der energetischen Ebene in das Herznetz der Menschen einklinken und so mit der Gemeinschaft der Herzensmenschen verbunden sein. Dies ist auch eine Gemeinschaft, nur in einer anderen Form.

In einer Gemeinschaft ist die persönliche Wahrnehmung und Bereitschaft, an euch zu arbeiten, sehr wichtig, denn nur so werdet ihr Frieden im Zusammenleben mit anderen und euch selbst finden. Selbstliebe und Liebe in alle Bereiche und Situationen auszustrahlen, ist mit dem Leben im Jetzt eine der höchsten spirituellen Ziele auf Erden. Dabei darf das Wohl eines jeden nicht außer Acht gelassen werden. Jeder soll in Freiheit, aber in Liebe zu sich und zu anderen seinen Weg gehen können. Jeder soll die Möglichkeit erhalten, seiner Seele zu folgen und ihre Berufung in der Neuen Zeit zu leben. Das setzt gemeinschaftliches und persönliches Handeln voraus. Jeder ist ein Individuum, das zur Heilung des Planeten und der Menschheit beitragen kann, und das auf seine Weise. Seiner Berufung zu folgen, ist eine Art neuer „Egoismus“. Dieser ist wichtig, damit alle ihren Platz auf Erden finden und einnehmen können, um ihre Fähigkeiten und Talente frei zu leben. Die gemeinschaftliche Arbeit setzt voraus, dass nie aus Pflichtgefühl gehandelt wird oder aus anderen, auf dem Ego gegründeten Emotionen und Programmen, sondern aus der inneren Freiheit heraus, dieses oder jenes auch in Freude tun zu wollen. Jeder sollte alltägliche Arbeiten verrichten, die ihm Spaß machen. Der eine findet Bügeln super, der andere beschäftigt sich lieber mit Gartenarbeit. Findet heraus, wer in welchen Bereichen Freude empfindet. Auch könnt ihr die Arbeiten in bestimmten Rhythmen untereinander tauschen. Lasst die göttliche Kreativität durch euch fließen und bildet ein individuelles Zusammenleben, das zu allen passt. Doch jeder sollte genügend freie Zeit haben, um seiner Berufung und seinen Herzenswünschen folgen zu können. Dies gilt auch für junge Mütter, die tatkräftige Unterstützung benötigen, damit sie trotz ihres Mutterseins und der knappen Zeit ihrem Seelenruf frei folgen können. Aufmerksamkeit gegenüber euch selbst und anderen ist das A und O für eine friedlebende Gesellschaft.

Gemeinschaften haben eine Besonderheit: Sie können miteinander kraftvolle Energien bilden, um damit die Welt zu heilen. Sie können Energien erschaffen, die ihnen bei der Verwirklichung ihrer Visionen und Wünsche helfen, und sie auf alle Bereiche der Erde leiten. Dies geschieht immer zum Wohl aller. Auch für die Heilung einzelner Menschen können diese starken Kräfte eingesetzt werden. Lasst eurer Kreativität freien Lauf. Energetisiert euer Land und euer Zuhause. Unterstützt mit dieser gemeinschaftlichen Energie die Elementarwesen, die Meerestiere usw. Ihr könnt alles in seiner Heilung unterstützen und Neues erschaffen, wenn es zum Wohl aller ist und die Energien eurem Herzen entspringen. Seid kreativ und setzt eure Impulse um.

☆☆☆

Der richtige Wohnort

Für Menschen, die den lichtvollen Weg gehen, ist es wichtig, dass sie einen Ort finden, der zu ihrer Schwingung passt. Bei manchen Orten reicht es nicht mehr aus, sie zu energetisieren und zu schützen. Einige sind in ihrer Energie tot und bedürfen einer gründlichen Reinigung, die meistens nur durch Naturkatastrophen oder Brände erreicht werden kann. Folgt eurem Herzen und seid mutig, den für euch stimmigen Platz auf Erden einzunehmen. Dies gilt für alle Ebenen.

☆☆☆

Selbstversorgung

Liebe Seelen auf Erden,

viele von euch haben die Vision, ihr Gemüse und Obst selbst anzubauen, um immer gut versorgt zu sein, sollte einmal eine Krise kommen. Bei der Selbstversorgung wisst ihr genau, woher das Gemüse und Obst kommt und was damit gemacht wurde. Oft ist dies im Bioladen nicht mehr nachvollziehbar, denn es weiß niemand genau, durch welche Hände die Produkte gewandert sind. Lasst euch nicht durch die Medien beeinflussen und Angst vor einer großen Krise einflößen. Ihr werdet immer das erhalten, was ihr gerade braucht, egal, ob eine Krise herrscht oder nicht. Folgt eurem Impuls, wenn ihr spürt, dass nun eine Selbstversorgung in eurem Leben ansteht, und geht diesem nach. Eine Selbstversorgung sollte nicht auf der Angst vor Hunger aufgebaut werden, sondern weil ihr hoch energetisches und reines Obst und Gemüse anbauen, ernten und essen wollt. Baut nachhaltig an. Sät Pflanzen, die ihr auch über Winter lagern könnt. Presst Saft, macht Marmelade und legt Obst und Gemüse ein. Macht es haltbar, sodass ihr immer verschiedene Nahrungsmittel vorrätig habt. Ihr solltet auch an der Gartenarbeit Spaß haben, denn ein Garten in der richtigen Größe bedeutet für eine gute Selbstversorgung viel Arbeit und Pflege.

Wir danken euch für euer Sein auf Erden.
Die Engel des Erzengels Uriel

Landwirt des Vertrauens

Viele von euch haben nicht die Möglichkeit oder das Händchen für Gartenarbeit. Für euch gibt es die Möglichkeit, in eurer Region einen Landwirt eures Vertrauens zu finden, der einen Hofladen betreibt oder euch regelmäßig Kartoffeln, Dinkel oder Weizen verkauft. Es ist nur wichtig, dass er biologisch anbaut und keine chemischen Mittel wie Antibiotika für die Tiere verwendet. Alles, oder fast alles, was zu jeder Jahreszeit wächst, werdet ihr bei ihm kaufen können. Ihr unterstützt zudem die Wirtschaft in eurer Region. Als gute Alternative gibt es bereits viele Bio-Discountläden oder Bio-Supermärkte, in denen ihr günstig einkaufen könnt. Ändert euer Bewusstsein.

☆☆☆

Neues Miteinander – Tauschen

Liebe Seelen des Lichts auf Erden,

in dieser besonderen Zeit ist es wichtig, dass ihr wieder aufeinander hört. Zuhören und wahrnehmen, wie es dem anderen geht und was er vielleicht benötigt, sind wichtige Eigenschaften, die ihr wieder stärker trainieren solltet. Es geht nicht darum, euer Helfersyndrom zu aktivieren, sondern das Mitgefühl für euer Gegenüber zu leben. Ihr sollt euch schon auf euren Herzensweg konzentrieren und eure Seelenkraft stärken, aber auch ein neues Miteinander schaffen und leben. Das neue Miteinander in der Fünften Dimension geht vom Herzen aus und erwartet nichts. Es geht um Achtung, Mitgefühl, Verständnis und Hilfe für den anderen. Dies findet auf mehreren Ebenen statt: der seelischen, der energetischen, der materiellen und der praktischen Ebene. Beim neuen Miteinander geht es nicht darum, euch völlig im Helfen aufzugeben, sondern einen optimalen Energieausgleich für euer gegenseitiges Tun zu finden.

Ein neuer Bereich eures Miteinanders ist das Tauschen, wobei ein Energieausgleich stattfindet, bei dem Geld keine Rolle spielt. Das, was ihr im Überfluss habt, könnt ihr weitergeben und dafür einen Energieausgleich erhalten. Es kann sogar sein, dass ihr nicht von dem „Beschenkten“ etwas als Tausch erhaltet, sondern dieser Ausgleich von anderer Seite geschaffen wird.

Natürlich könnt ihr auch „richtig“ tauschen, manchmal aber geht es darum, etwas zu geben, weil man davon zu viel hat, ohne etwas von seinem Gegenüber zu erwarten. Wenn ihr einen Garten habt und Obst und Gemüse anbaut, werdet ihr wissen, was wir meinen. Bei guter Ernte ist es nicht zu schaffen, alles selbst zu essen, und dann solltet ihr anfangen, das, was übrig ist, zu verteilen. Diese Art des Tauschens und Teilens gibt es seit Jahrhunderten, ist aber leider in Vergessenheit geraten.

Ihr könnt auch Dienstleistungen als „Bezahlung“ entgegennehmen, das heißt, ein Kunde, Klient oder Freund bügelt gerne, malt oder macht die Buchhaltung, und ihr behandelt ihn, backt einen Kuchen oder erledigt etwas anderes für ihn. Das, was ihr am liebsten tut, könnt ihr als Energieausgleich anbieten. Dabei sind alle Arbeiten vom Wert her gleich, sie sollten nur energetisch und zeitlich einen harmonischen Ausgleich darstellen. Das wird für viele Menschen schwer sein umzusetzen, da in ihren Köpfen noch ein bestimmtes Wertesystem herrscht. Löst diese Verstrickungen, die euch noch an dieses alte Bewusstseinsfeld binden, damit ihr ein wertfreies Denken und Handeln erlangt. Lasst es fließen, nicht immer werdet ihr tauschen, sondern noch das Zahlungsmittel Geld benutzen, aber es wird euer Leben sehr erleichtern.

Wir danken euch.
Die Engel des Erzengels Haniel

Hilfe füreinander

Liebe Seelen auf Erden,

in diesen Zeiten ist es wichtig, dass ihr euch gegenseitig helft. Wir sprechen nicht die Hilfe auf Erdenebene an, sondern auf der energetischen. Braucht einer von euren Freunden Hilfe, sendet ihm die entsprechenden Energien. Voraussetzung dafür ist, dass der Empfangende diese Unterstützung möchte und bereit ist, „eure" Energien zu empfangen. Ihr könnt auch einander helfen, indem ihr euren Freunden, Verwandten und Klienten Engel, Meister, Elementarwesen, Sternenpriester, Sternenengel oder andere lichte Wesen zur Seite stellt. Der bloße Gedanke, hoch schwingende Energien wie Freude, Liebe oder bestimmte Farben und Energien zu senden, bewirkt, dass eure Mitmenschen unterstützt und gestärkt werden. Helft einander. Es müssen nicht immer große Seminare, Behandlungen oder Gespräche sein. Informiert euch gegenseitig, wenn ihr Hilfe braucht. So kann der andere sofort reagieren und Hilfe senden. Es ist keine Schwäche, wenn ihr um Hilfe bittet. Eine schnell geschriebene SMS oder Mail kann die heilende Energien von Worten übertragen und euch sofort helfen. Alles sollte in göttlicher Leichtigkeit geschehen.

☆☆☆

Hilfe von Herz zu Herz

Manchmal braucht eine Seele die reine Herzensliebe, um wieder die Kraft und den Mut zu haben, weiter auf ihrem Weg voranzuschreiten. Wenn dies der Fall ist, stellt euch vor, wie ein rosafarbener Strahl von eurem zu dem anderen Herzen strahlt. Dies sollte nicht zwischen Tür und Angel geschehen, sondern in einer ruhigen Minute. Dazu können sich beide zur selben Zeit hinsetzen und sich dieser Energiesendung bewusst sein.

Viele haben sich bereits in das Herznetz der Menschen eingeklinkt beziehungsweise mit ihm verbunden und können so Herzensliebe und -energien zur eigenen Unterstützung von anderen Mitgliedern des Herznetzes empfangen, ohne jemandem bewusst Bescheid geben zu müssen. In der Gemeinschaft des Herznetzes wird jeder unterstützt und gestärkt, der Hilfe bedarf.

Die Engel der Kommunikation auf allen Ebenen

☆☆☆

Hoffnung

Liebe Menschenseelen,

wir sind zu euch gekommen, weil wir euch vor der Hoffnung bewahren möchten, die ihr oft in euch spürt, wenn Situationen in eurem Leben auftauchen, die der Zuversicht und des Glaubens an einen guten Ausgang bedürfen. Auch Gefühle verändern sich in der neuen Dimension der Liebe, es entstehen neue. Hoffnung ist ein Gefühl der Dritten Dimension, eine Energie ohne Ende, auch wenn ihr sagt: „Die Hoffnung stirbt zuletzt." Hoffen verhindert das tatsächliche Handeln, das Annehmen der jeweiligen Situation. Hoffen birgt eine subtile Gefahr in sich, die zu einem Handeln zwingt, das alles wieder rückgängig machen möchte. Ein Kampf gegen die eigentliche Situation entsteht. Ihr möchtet die momentane Situation verändern, vergesst aber, sie erst einmal anzunehmen. Hoffnung behindert euch in eurem Sein und Tun und kann euch auch dazu bringen, gar nichts zu tun und eure Verantwortung und Macht an andere abzugeben. Wer hofft, wird oft enttäuscht. Hoffen ist ein Festhalten an Altem. Die Realitäten eures selbst erschaffenen Lebens zwingen euch immer öfter dazu, die Hoffnung wirklich aufzugeben. Wenn ihr das tut, lasst ihr los, und alles kann sich neu ordnen. Aber ihr Seelen auf Erden seid es gewohnt, zu hoffen und alles dafür zu tun, dass es gut ausgeht oder wie zuvor weitergeht. Bitte hört auf zu hoffen, denn dadurch verbaut ihr euch die Lernmöglichkeit, die in der jeweiligen Situation entsteht. Nehmt die Situation an und macht in dem Moment das

Beste daraus. Hoffnung ist ein Festhalten an Altem. Ihr denkt zwar, dass es ein Halt ist, aber es ist eine Illusion, denn ihr wollt die wahre Situation nicht sehen und annehmen.

Ändert bitte Hoffnung in das Gefühl des Vertrauens. Nehmt den Moment an, nehmt die Situation an, lasst sie los und geht ins Vertrauen. Erst dann kann sich etwas verändern. Erst dann seid ihr bereit, euch für Neues zu öffnen. Die Energie und vor allem die Gedanken des Hoffens können so euren göttlichen Kanal nicht mehr blockieren. Geht in das wahre Handeln, das aus Vertrauen und Liebe entsteht. Glaubt und vertraut auf den Ausgang, der für euch am besten ist, egal, wie er aussieht. Oft erkennt ihr nicht den Sinn oder die Ursache eines Problems. Wir sprechen hier von Situationen, die ihr euch selbst geschaffen habt oder die mit euch auf Seelenebene abgesprochen wurden, nicht von Machtübergriffen und Missbräuchen bei Säuglingen und Kindern.

Wir bitten euch, euer Herz für die Wahrheit, die Liebe und das Vertrauen zu öffnen. Ihr seid immer beschützt, auch wenn ihr es manchmal nicht spürt. Wir sind bei euch in dieser wichtigen Phase der Transformation auf Erden.

Die Engel des Lords Melchisedek

Neue Technologien

Liebe Menschen auf Erden,

eine Neue Zeit ist angebrochen, und ihr seid nun aufgerufen, neue Technologien zu erschaffen und zu verwirklichen. Es gibt einige Seelen auf Erden, die von uns Informationen erhalten, die auf der Erde umgesetzt werden können und sollen. Dazu braucht es aber ein offenes Ohr von euch, ihren Mitmenschen. Hört denjenigen zu, die Neues entwickeln und scheinbar Unmögliches wahr machen wollen. Glaubt an sie und ihre Theorien und Ideen. Sie können euch dabei helfen, neue Technologien zu bauen, um Mutter Erde zu schonen und neue Erfindungen zu entwickeln, die euer Leben entschleunigen und vereinfachen würden.

Es gibt so viele Elemente auf eurem Planeten, die ihr nutzen könnt, um Energien zu schaffen, die Strom und anderes erzeugen könnten. Warum tut ihr es nicht? Zu stark sind die Widerstände, die momentan noch in den Menschen herrschen, die dies verändern könnten. Viele haben Angst, das Gewohnte, ihre alten Strukturen im Denken aufzugeben, um in eine anscheinend unsichere Zukunft zu gehen. Aber dem ist nicht so, im Gegenteil: Ihr könnt euch auf die neuen Technologien verlassen. Einige Seelen auf Erden versuchen bereits vieles, um die Menschen aufzuklären, und das finden wir wunderbar, weil wir von hier aus spüren, wie sich die Schwingung und die Energie am jeweiligen Ort der Aufklärung verändern. Tritt ein Wechsel eures Bewusstseins ein, werden die Ener-gien bei euch klarer, reiner und höher schwingend. Wir beobachten eure Veränderung und sehen, wann ihr zu viele Gedanken der Angst wie auch andere niedrig schwingende Gefühle in euch tragt und aussendet. Wir sehen dieses als dunkle Materie, die sich immer mehr verdichtet und sich über das jeweilige Gebiet legt. Es ist sozusagen der energetische Smog eurer Gedanken und Emotionen. Stürme und andere Wetterelemente können diese dichte Materie aufklären. Dankt ihren Wesen, denn sie helfen euch bei der Reinigung.

☆☆☆

Neue Energietechniken

Öffnet euch den neuen Energietechniken, zum Beispiel den Ideen von Nicolas Tesla und der Tachyonen-energie. Sie sind Vorgehensweisen, die euch auf eurem Weg der Neuen Zeit unterstützen können, und tragen die Technik in sich, Energien aus dem Kosmos zu nutzen. In den kommenden Jahren werden neue Erfindungen und Entdeckungen in diesen Bereichen auftauchen. Werdet sensitiver und achtet auf neue Errungenschaften, die vielleicht von den großen Firmen und Konzernen unbeachtet bleiben. Folgt eurer Intuition und fühlt, ob die eine oder andere neue Entdeckung und Errungenschaft für euch stimmig ist. Verleiht diesen Lichtarbeitern der neuen Wissenschaft und Forschung Gehör. Das ist wichtig, denn auch Autos oder andere Geräte können mit diesen neuen Energien angetrieben werden. Die Tachyonenenergie wird bereits in bestimmten Bereichen der Technik eingesetzt, jedoch wird dies vor der Öffentlichkeit geheim gehalten.

Wir bitten auch die Konstrukteure eurer Autos und anderer Fahrzeuge und Maschinen, die mit Benzin, Öl und herkömmlichem Strom angetrieben werden, sich für Neues und, in ihren Augen, Fremdes zu öffnen. Eure Ressourcen werden sich in ihrer Schwingung auf Erden verändern, und es wird nicht mehr ein Tank von 40 Litern Benzin oder mehr nötig sein, um mit einem Auto fahren zu können. Vielleicht findet ein Lichtarbeiter eine neue Form, die Motoren anzutreiben?

Nutzung der Naturgewalten

Ihr seid bereits auf dem richtigen Weg, und viele Menschen zeigen und empfinden Widerstand gegenüber den herkömmlichen Stromerzeugern. Fangt in eurem privaten Bereich an, die schon zur Verfügung stehenden Techniken anzuwenden und einzusetzen. Setzt euch mit Solarzellen und kleinen Windrädern oder anderen regenerierbaren Energien, die es schon auf dem Markt gibt, auseinander. Nutzt den Wind, die Sonne, die Kraft des Wassers und der Erde. Sie bringen euch die Energien, die ihr für euer Leben benötigt. Wir erzählen euch nichts Neues, aber wir möchten euch noch einmal auf die Dringlichkeit des Themas hinweisen.

☆☆☆

Neue Gewächshäuser

Das Licht wird in der Zukunft stärker und in seiner Strahlung konzentrierter und intensiver werden. Das Sonnenlicht könnt ihr durch ein Glas mit besonderer Brennweite strahlen lassen, sodass es in viele einzelne Sonnenstrahlen aufgeteilt wird, aber nicht an Kraft und Schwingung verliert. Diese Methode kann besonders beim Wachstum einzelner Getreidearten auf den Feldern sowie im heimischen Garten oder bei anderen Pflanzen angewandt werden. Die eigens dafür angefertigten Gewächshäuser werden die Kraft der Sonne speziell für Pflanzen aus nicht heimischen Gefilden mit Wärme versorgen, die sie für ein optimales und ganzjähriges Wachstum brauchen. Die neuen Gewächshäuser sind größer und vor allem höher als die alten und werden aus einem speziellen Glas hergestellt, das das Sonnenlicht mehrfach neu brechen kann. Dadurch bleiben die Kraft und die Konzentration erhalten und erhöhen so noch die Strahlung und Wirkung. Pflanzen werden mit mehr Energie angereichert und erreichen so die Schwingung, die von euch Menschen in der Neuen Zeit benötigt wird. Nicht immer wird es euch gelingen, euch von niedriger Energie fernzuhalten, daher ist es gut, ein kleines Gewächshaus in der neuen Energieform zu besitzen, um immer energetisch reiche Pflanzen als „Vorrat“ zu haben.

Danke für euer Zuhören.
In tiefer Verbundenheit,
die Sternenfahrer der Galaxien neuer Welten

Verbindung zur Siebten Dimension

Liebe Seelen auf Erden,

für alle, die sich bereits schon eine Weile auf dem Weg des Lichts und des Herzens befinden, kann nach einiger Zeit eine Phase eintreten, die sich lau anfühlt. Ihr habt viel an euch gearbeitet, durftet auch schon erfahren, wie es ist, in der hohen Energie der Fünften Dimension zu leben, aber nun kommt ihr irgendwie nicht weiter. Es ist, als würdet ihr auf der Stelle treten. Nun ist es Zeit, dass ihr euch mit der nächst höheren Dimension verbindet, der Siebten. Viele werden dies als eine Art Erlösung empfinden, da es jetzt für sie weitergeht. Sie dachten, sie müssten auf alle anderen Seelen warten, bis diese auch auf der fünften Ebene „gelandet" sind. Aber dem ist so nicht. Alle, die spüren, den Dreh für die Neue Zeit herausgefunden zu haben, können sich nun mit der Siebten Dimension verbinden. In dieser Dimension sind die Engelwesen und Einhörner zu Hause. Ihr könnt sie näher und deutlicher spüren und besser Kontakt aufnehmen. Wenn ihr euch mit der Siebten Dimension verbinden möchtet, sagt einfach: „Ich verbinde mich mit der Siebten Dimension." Ist euch die Energie zu stark oder zu hoch, könnt ihr die Verbindung jederzeit unterbrechen. Nicht immer werdet ihr in der Verfassung sein, euch mit der Siebten Dimension zu verbinden. Hört auf euer Herz und entscheidet, wann die richtige Zeit ist.

Aus der Siebten Dimension werdet ihr mit höherer Energie gefüllt, die mehr in Leichtigkeit und goldener

Energie schwingt. Sie besteht aus hellen, aber kraftvollen Farben, wie zum Beispiel Gold, Rosa, Smaragdgrün, um nur einige zu nennen. Immer sind die Farben mit einem göttlichen Glitzer durchwirkt. Dort gibt es Farben, die euch noch nicht bekannt sind. Lasst euch überraschen!

Die Informationen, die ihr von den Wesen der Siebten Dimension empfangt, werden reiner und neu sein. Es können klare und einfache Informationen und Botschaften durchkommen oder Bereiche erklärt werden, die für euch jetzt noch etwas kompliziert sind. Lasst euch darauf ein und schreibt die Informationen auf, die euch wichtig erscheinen. Alles, was zum Leben auf eurem Planeten benötigt wird, sollte auf Papier oder anderen Medien festgehalten werden. Ihr werdet sie später für euren persönlichen Gebrauch benötigen.

Seid gesegnet und geliebt,
die Engel der Elohim

☆☆☆☆☆

Heilen in der Neuen Zeit

Intuition

Liebe Seelen auf Erden,

bei allem, was ihr tut, ist es von großer Bedeutung, dass ihr eurer Intuition folgt. Sei es die Auswahl eines Heilmittels, einer Blume, eines Nahrungsmittels, eines Vorhabens oder anderes. In der Neuen Zeit geht es darum, auf euer Bauchgefühl, eure Impulsen und Eingebungen zu hören. Besonders in der Heilung ist es wichtig, euch nicht mehr auf erlerntes Wissen zu berufen und zu verlassen, sondern den Mut zu haben, eurer Intuition zu vertrauen und nach ihr zu leben und zu arbeiten. Dies gilt bei der Wahl der entsprechenden heilenden und transformierenden Energien, der Auswahl von Farbstrahlen, der Entscheidung für die optimale Methode usw. Bei der neuen Art zu heilen solltet ihr bereits eine gewisse Sicherheit in eurem Tun und euren Durchsagen haben. Vertraut darauf, dass ihr die richtige Idee, den richtigen Impuls für den zu Behandelnden bekommt. Lichte Wesen wie Engel, Aufgestiegene Meister, Heilige und viele andere werden euch dabei helfen. Vertraut nur auf das, was ihr durchbekommt, und fühlt und folgt ihm. Oft habt ihr bereits eine Ahnung, was dem Klienten/Patienten guttut und helfen würde, aber ihr traut euch noch nicht, dies auch umzusetzen.

Viele Lichtarbeiter sind in ihrem Tun noch unsicher. Vergesst diese Zweifel und fangt endlich an, eurer Intuition, eurem Herzen zu folgen. Auch wenn sich die durchgegebenen Informationen manchmal komisch oder „verrückt“ anhören, sagt oder tut es. Es stellt sich immer als richtig für den zu Behandelnden heraus.

Diese Art zu behandeln gilt nur für die Seelen der Lichtarbeit, die einen reinen Kanal und ein reines Herz haben und frei von Fremdenergien sind. Zudem sollten sie sich bereits in einer höheren Schwingung befinden. Alle anderen müssen erst eine weitere Phase der Transformation durchlaufen, bis sie diese Technik ausüben dürfen, sonst ist der Schaden am Menschen zu groß. Natürlich solltet ihr nicht die Gesetze eures Landes, was die Erlaubnis der Heilung in bestimmten Bereichen und die ausgewählten Methoden betrifft, außer Acht lassen. Noch lebt ihr in einer bestimmten Struktur, die es einzuhalten gilt. Noch! In einigen Jahren oder sogar früher wird sich vieles ändern, wie es sich bereits seit Anfang des 21. Jahrhunderts abzeichnet.

Lichtarbeiter werden „zugelassen“, die keine fundierte Ausbildung haben, da ihr Können ihren spirituellen Fähigkeiten und altem Wissen entspringt. Menschen werden nicht mehr nachfragen, ob Lichtarbeiter eine Ausbildung, Erlaubnis oder Zulassung haben, denn sie werden froh sein, dass es eine Seele gibt, die ihnen bei ihren Problemen und Beschwerden helfen kann. Die Angst vor Krankheit und dem Tod löst viele Regeln auf. Menschen bemerken, zum Teil bereits jetzt, dass Medikamente in ihrer Wirkung schwächer werden oder gar nicht mehr helfen. Viele Wissenschaftler werden eines Besseren belehrt. Auch die Ärzte werden nach einiger Zeit keine Lösung mehr wissen und sich der Spiritualität öffnen.

Lernt, eure Intuition wahrzunehmen, eure Impulse zu spüren, die euch leiten werden. Hört auf euer Herz, hört auf die göttliche Quelle und das, was sie euch durchgibt. Fühlt eure Seele und vertraut darauf, dass sie euren Weg weiß. Steckt ihr in einer Situation fest, bittet eine Lichtarbeiterin/einen Lichtarbeiter darum, euch zu helfen. Pro-bleme und Beschwerden werden am schnellsten auf energetischer Ebene gelöst. Wird diese Ebene des Körpers nach und nach frei von Blockaden, kann sich vieles in Klarheit wandeln und endlich heilen.

Vertraut euch, aber auch anderen. Geht mit offenem Herzen durch euer Leben und seht die Schönheit, die euch umgibt, mag es euch auch noch so schlecht gehen. Euer Herz und eure Seele lassen euch nie im Stich.

Ave Maria!
Die Engel Marias und Erzengels Raphael

☆☆☆

Das Christusnetz

Liebe lichtvolle Seelen auf Erden,

das Christusnetz ist das innere Energienetz eures Körpers der Neuen Zeit. Es stellt die neue Ordnung in euch dar. Mit ihm könnt ihr gut vorbereitet in das neue Leben gehen. Es wird in der Fünften Dimension aktiviert und hilft eurem Körper, zum kristallinen Lichtkörper zu transformieren und in die nächst höheren Dimensionen aufzusteigen. Es besteht aus verschiedenen Leitbahnen, die sich durch euren Körper ziehen. Seine Farbe ist gold-glänzend. Dieses Netz kann erst aktiviert werden, wenn eure Seele und euer Körper bereit dazu sind.

Das Christusnetz wird vom Basispunkt, der sich zwischen Herzzentrum und Solarplexus befindet, mit dem Kristallstern gesetzt und von den Zehenspitzen der großen Zehen gezündet beziehungsweise aktiviert. Die Aktivierung sieht aus wie eine brennende Zündschnur, die sich von den Füßen über die Beine durch den ganzen Körper zieht und so die Bahnen der neuen Struktur freilegt und mit goldener Energie füllt. Seit Anbeginn der Zeit auf Erden tragt ihr die Vorbereitung für das Christusnetz in euch. Bereits die Essener wussten um diese Energiebahnen. Nun ist die Zeit da, in der ihr sie aktivieren könnt. Eine besondere Phase der Transformation auf Erden ist eingetreten, in der ihr eine neue Ordnung benötigt. Mit einem aktivierten Christusnetz kann die Neue Energie in euch leichter fließen und so eure energetischen Körper in höhere Schwingungen versetzen. Dadurch werdet ihr auch für die Regenbogenenergie der Einhörner und Engelwesen der Siebten Dimension vorbereitet.

In dem Bereich der Schienbeine könnt ihr dieses neue Netz füllen, indem ihr eure Hände dort auflegt. Ihr steht dabei fest auf beiden Füßen und schafft bitte einen optimalen Schutz um euch, denn es kann sein, dass sich alte Energien lösen und aus den Fußsohlen fließen. Ist der Schutz aufgebaut, könnt ihr mit der Behandlung beginnen. Seid frei in eurer göttlichen Kreativität, denn ihr könnt dort die neuen Heilweisen der Siebten Dimension wunderbar einsetzen. Intuitiv lasst ihr euch die Energie durchgeben, die der Empfangende gerade benötigt, um heil zu werden. Immer wieder können Blockaden in dem Christusnetz auftreten, die den Energiefluss der Neuen Energie behindern. Diese gilt es, regelmäßig aufzulösen. Die Blockaden haben ihren Ursprung in der Dritten Dimension, die euch ab und zu wieder einholt. Das stellt aber kein großes Problem dar, sind sie doch mit der Christusenergie oder anderen hoch schwingenden Energien schnell aufzulösen.

☆☆☆

Christuspunkte

Es gibt Schnittpunkte in diesem Christusnetz, Christuspunkte genannt, die durch Kreuzungen der verschiedenen Energiebahnen entstehen. Diese Punkte stehen für bestimmte Gefühle und Emotionen aus der Dritten Dimension. Über diese Punkte kann der Behandelnde bestimmte Seelenbereiche und Gefühle stimulieren, beeinflussen, aktivieren und von Blockaden reinigen. Ist zum Beispiel der Punkt für die Herzenergie blockiert, kann es sein, dass derjenige noch zu viele Mauern und Blockaden um sein Herz hat oder gerade einen großen Kummer durchlebt, der sich so massiv auf den Herzpunkt auswirkt. Gibt es Blockaden in den Schnittpunkten, kann es sein, dass der Energiefluss gestoppt oder die Fließgeschwindigkeit verringert wird. Ist dies der Fall, werden die Emotionen der Dritten Dimension wieder stärker in ihrer Energie. Werden die Blockaden nicht aufgelöst, werden weitere Christuspunkte in Mitleidenschaft gezogen.

Es gibt Hauptpunkte und Nebenpunkte. Die Nebenpunkte befinden sich auf den Bahnen, aber nicht auf einem Schnittpunkt. Zum Beispiel befinden sich die zwei Punkte, die für das optimale eigene Körpergewicht stehen, gegenüberliegend jeweils auf bestimmten Energiebahnen im Bereich des Unterbauchs. So gibt es auch Punkte, in denen ihr Vertrauen, Selbstwert, Glauben, Schutz und Freude, um nur einige zu nennen, aktivieren und stärken könnt. Ängste und Zweifel, wie zum Beispiel Misstrauen, behindern den optimalen Energiefluss im Christusnetz. Diese gilt es aufzulösen beziehungsweise die Ursache zu erkennen und zu heilen, damit ihr wieder in die Schwingung des Christusbewusstseins kommt.

Am Anfang einer erstmaligen Aktivierung des Christusnetzes gibt es keine Blockaden. Erst nach und nach zeigen sich die energetischen Knoten/Blockaden, wenn die Zeit für das jeweilige Thema gekommen ist, es näher zu betrachten und daran zu arbeiten.

BITTE DAS CHRISTUSNETZ NUR AKTIVIEREN, WENN DER MENSCH DAZU BEREIT IST!

Danke für euer Sein im Licht des Göttlichen.
Lord Sananda, göttlicher Jesus

☆☆☆

Kristallstern

Seid gegrüßt, liebe Seelen auf Erden,

in der Neuen Zeit wird eine neue Ordnung, ein neues Energiesystem in und um euch aktiviert, damit ihr euch in der nächst höheren Dimension orientieren könnt. Geht ihr mit dem alten System, zum Beispiel euren Auraringen/Auraschichten, in eine höhere Dimension, kann dies körperliche und/oder energetische und seelische Beschwerden auslösen. Oft sind die Menschen schon lange bereit, in die Neue Energie einzutauchen, jedoch fehlt ihnen eine neue Ausrichtung, Ordnung, an der sie sich orientieren können. Das ist sehr wichtig, denn ihr Menschen braucht eine Orientierung und ein System, in dem ihr euch zurechtfindet. Noch ist es nicht die Dimension, in der ihr in absoluter Freiheit leben könnt. Ihr würdet es nicht verkraften und jeglichen Überblick verlieren. Noch seid ihr nicht so weit, dass ihr die göttliche Grenzenlosigkeit absolut frei leben könnt. Geht jetzt voran, verbindet euch mit der Kristallenergie der Fünften Dimension und passt euch ihr an.

Wer sich schon einige Zeit mit Lichtarbeit befasst, kann sich jetzt mit der Siebten Dimension verbinden. Voraussetzung dafür ist jedoch, dass ihr euch von der Dritten Dimension vollkommen gelöst und in die Mitte eures Lebenskreises der Fünften Dimension begeben habt.

Ein System für die neue Dimension in Form eines energetischen Christusnetzes und Kristallsterns stellen wir euch nun bereit. Der Kristallstern stellt die neue Ordnung dar und verbindet euch mit dem Außen der Fünften Dimension. Er unterstützt euch darin, euch in der höheren Dimension zurechtzufinden und in ihr zu leben. In dieser höheren Schwingung können neue Kontakte zu anderen Lichtwesen geschlossen werden. Die Verbindung wird reiner und kraftvoller. Der Kristallstern ist ein fünfdimensionaler Stern, der einer Schneeflocke gleicht. Auch in seiner Individualität und der Einzigartigkeit seiner Form ist er einem Schneekristall sehr ähnlich. Schnee ist materialisierte Kristallenergie. Deswegen ehrt den Winter mit seinen wunderbaren Niederschlägen, dem Schnee.

Der Kristallstern löst die alten Auraschichten ab und wird in der Mitte des energetischen Körpers, also in dem Bereich des Solarplexus, gesetzt. Dies sollte ein Lichtarbeiter vornehmen, der sich darin auskennt und dazu berufen und reinen Herzens ist. Der Stern glitzert in einer oder mehreren Pastellfarben, umrundet von einem Energiering. Dieser Ring besteht aus verschiedenen Energien, zum Beispiel den Farben Silber, Bronze, Gold. Nach Setzung und Aktivierung des Kristallsterns bilden sich nach und nach neue Auraschichten, die diese Farben und die eigene Göttlichkeit erstrahlen lassen. Nicht jeder muss neue Auraschichten in dieser Form und Farbe ausbilden, einige können Ebenen des Regenbogens, Kreise der Unendlichkeit, Sternenstaub aus der Sternenheimat oder Ähnliches in sich tragen, die sich dann zeigen werden.

Ist der neue Kristallstern bei euch gesetzt, beginnt er, euer Leben zu beeinflussen. Die leichte und hoch schwingende Energie fließt in die bereits freien Wege eures Seins und derzeitigen Lebens. Die Wege und Energiebahnen, die noch blockiert sind, werden nach und nach von den Blockaden befreit. Nun bekommt ihr die Möglichkeit, euer Leben lichter zu gestalten und die Hindernisse aus dem Weg zu räumen, die euch an der Verwirklichung eurer Berufung und Herzenswünsche hindern.

Die Kinder der Neuen Zeit tragen den Kristallstern bereits in sich. Doch bei manchen lassen es die Erziehung und die Einstellung der Eltern nicht zu, ihn zu leben. Oft verdecken sie ihn mit der inneren Ordnung der alten Zeit, damit sie gut und unbeschadet durch die erste Phase ihres Lebens kommen. Sie müssten ihn bewusst wieder aktivieren, was mit Hilfe der Erzengel Meta-tron und Michael geschehen kann.

Der Kristallstern schließt sich eurem göttliches Potenzial an und gibt den Weg frei, dieses zu öffnen und nach innen und außen zu leben. Er stärkt eure Fähigkeiten, öffnet euer Potenzial und hilft euch so, diese neuen Energien umzusetzen und in euer Leben zu integrieren. Dabei können neue beziehungsweise Fähigkeiten, die lange in euch „versteckt“ waren, wieder zum Vorschein kommen. Oft sind es Talente, die ihr bereits als Kinder hattet, aber in bestimmten Situationen habt ihr vielleicht beschlossen, diese Talente nicht weiter umzusetzen und zu entwickeln.

Diese Begebenheiten, die sicherlich nicht schön für euch waren, waren wichtig, damit ihr einen bestimmten Weg in eurer spirituellen Entwicklung gehen konntet. Eure Schwächen sind eure Stärken.

Überlegt gut, was ihr als Kinder mit Freude getan habt, und lasst es wieder aufleben. Viele Kinderseelen, zum Teil inzwischen erwachsen, waren und sind bis heute so in ihrem Sein verletzt, dass sie diese wunderbaren Fähigkeiten auch jetzt noch unterdrücken.

Wenn euer Kristallstern gesetzt ist, werden euer Sein und eure energetischen Körper mit verschiedensten Ebenen verbunden. Ihr werdet an das Kristallgitternetz der Erde, an die Ebene der Fünften Dimension, der Elementarwesen, der Engel und anderer Lichtwesen angeschlossen. Aber es liegt immer bei euch, ob ihr diese göttlichen Verbindungen wahrnehmen und nutzen wollt. Befasst ihr euch nicht bewusst mit der Neuen Zeit, mit eurem „neuen" Sein und dem Leben in der Fünften Dimension, verblasst der Kristallstern nach und nach, es kann sogar sein, dass er wieder ganz verschwindet. Eure Eigenschwingung senkt sich immer weiter ab, bis ihr euch wieder der alten energetischen Ordnung anschließt. Der Kristallstern ist ein Weg, sich optimal mit der neuen Energie und ihren Systemen zu verbinden, um eine gewisse Ordnung in der Fünften Dimension zu haben. Einige von euch tragen diesen göttlichen Kristallstern bereits in sich. Im Zuge eurer spirituellen Entwicklung, verbunden mit eurer ursprünglichen Herkunft, wird dieser sichtbar und nimmt mit der Zeit an Größe und Stärke zu. Auch kann der Kristallstern durch eine kraftvolle und innige göttliche Liebe zweier Seelenpartner, die sich gefunden haben, entstehen beziehungsweise wieder aktiviert werden. Auch bei der Geburt eines Lichtkindes wird bei der Mutter, vorausgesetzt, sie ist auch ein Kind der Neuen Zeit, dieser Stern in seiner Kraft größer und strahlender.

Eine Bitte habe ich noch an euch: Geht in euch und seid ehrlich zu euch, ob ihr bereit seid, den Kristallstern in euch aufzunehmen. Wenn ihr noch nicht dazu bereit seid, seid nicht traurig, eure Zeit wird noch kommen. Denn wird der Seelenstern zu früh gesetzt, kann sich der Behandelnde sehr allein und verlassen fühlen. Das kommt daher, weil er sich ganz von der Dritten Dimension gelöst hat, aber noch nicht mit der Fünften Dimension verbunden ist. Er ist noch nicht bereit, diese Neue Energie zu empfangen. Diese Art von Verlorenheit kann auch fremde Energien der niedrig schwingenderen Ebenen anziehen. Also Vorsicht, eine gute Selbsteinschätzung wie auch ein professioneller Heiler/Lichtarbeiter, der erkennt, wann ein Kristallstern gesetzt werden kann, sind gefragt.

In tiefer Liebe und Dankbarkeit,
Erzengel Gabriel

Kybernetische Körper im damaligen Avalon

Liebe Seelen auf Erden,

Kybernetische Körper waren visualisierte energetische Verbindungsstücke, Elemente oder Objekte, die eine Verbindung zum Leben in anderen Dimensionen, zu Parallelwelten, aber auch zu Sternenwelten und anderen Rassen möglich machten. Diese Elemente passten den menschlichen Körper der Atmosphäre und den Energien anderer Welten an. Im damaligen Avalon war dies eine gängige energetische „Operation", um die Menschen, die im sogenannten Außendienst arbeiteten, für ihre Reisen bestmöglichst vorzubereiten. Die kybernetischen Körper waren außergewöhnliche Elemente, die unter anderem als Druckventil, zur Aufhebung der äußeren wirkenden Kräfte, dienten und so auch ein Schweben ermöglichten. Auch die Kunst des sogenannten Beamens beherrschte man auf Avalon, und so wurde dieses Wissen gemeinsam mit eigens dafür gebauten kybernetischen Apparaturen für schnelle Weltenreisen benutzt.

Die Abteilung und der Raum für kybernetische Operationen waren ein abgeschlossener Bereich, den nur Eingeweihte und Wissende betreten durften. Die Botschafter der Erde wurden dort ausgebildet. Diese Ausbildung beinhaltete auch die geistige Vorbereitung, wie zum Beispiel die Ausbildung der mentalen inneren Stärke und die Lehre der Visualisierung und Manifestation, die gebraucht wurden, um Aufenthalte in der „Fremde" durchzustehen. Sie mussten auf alles vorbereitet sein. Auch das Wissen über andere Völker und Welten wurde gelehrt.

☆☆☆

Bewusstseinserweiterung

In der Abteilung Bewusstseinserweiterung wurden kybernetische Elemente zur Erweiterung des Bewusstseins ins Gehirn eingesetzt. Dies war eine auch für damalige Verhältnisse sehr diffizile Angelegenheit und wurde nur sehr selten durchgeführt. Es war eine echte Operation auf körperlicher und energetischer Ebene, die nicht mehr rückgängig zu machen war. Deswegen musste sich derjenige, der sich dieser Operation unterzog, dessen bewusst sein, dass er die Richtung seines Lebenswegs nach dem Eingriff nicht mehr ändern konnte. Es wurden nur diejenigen ausgewählt, die auch von Gott und der Priesterin des Sees dazu berufen wurden. Später bei den Kelten, die von den Avalonern abstammten, wurden Pflanzen mit drogenähnlicher Wirkung eingenommen, um eine annähernde Bewusstseinserweiterung zu erlangen. Dies gelang ihnen jedoch nicht, da die Schwingung der Erde schon so weit abgesunken war, dass eine Bewusstseinserweiterung wie zu Avalons Zeiten nicht mehr möglich war.

Ihr geliebten Seelen auf Erden, viel Neues wartet auf euch. Seid offen und schreckt nicht vor eurer Einzigartigkeit und euren kraftvollen Fähigkeiten zurück.

Danke.

Die liebenden Priesterinnen aus Avalon

Energetische und geistige Operationen

Liebe Seelen des Lichts,

die Informationen, die wir euch jetzt durchgeben, sind mit besonderer Achtsamkeit zu behandeln. Bitte seid euch im Klaren darüber, welche Auswirkungen energetische und geistige Operationen haben können. Nur die Heiler und Heilerinnen, die bereits das Wissen und das Können der Heilung am Menschen in sich tragen und es auf Erden umsetzen, dürfen diese Technik anwenden. Natürlich bleibt es jedem selbst überlassen, wie er mit den Informationen umgeht, die wir nun durchgeben, jedoch bitten wir euch, euer Können und eure Fähigkeiten richtig einzuschätzen. Sind eure Hellsicht, Hellfühligkeit oder Hellhörigkeit gut ausgebildet und habt ihr das geistige Heilen erlernt oder aus einem früheren Leben mitgebracht, könnt ihr mit den Operationen beginnen.

Wir nennen diese Methode „energetische Operationen", weil es in eurer Sprache noch keinen neuen Begriff dafür gibt. Wir sprechen hier aber nicht von tatsächlichen Operationen, sondern von dem rein energetischen und für den Menschen nicht sichtbaren Vorgang der Veränderung in seinem Körper auf Energieebene. Einige Lichtarbeiter benutzen diese Methode bei ihren energietherapeutischen Behandlungen bereits seit längerer Zeit.

Behandelt ihr bereits mit eurem Geist und euren Händen, werdet ihr wissen, was wir euch nun durchgeben.

In eurem Zeitalter geht die Heilung nicht nur über den menschlichen Körper, sondern beginnt auf der Seelen- und der energetischen Ebene. Es kann vorkommen, dass euer Klient, der nun eine Behandlung durch euch genießen darf, niedrig schwingende Stellen in seinem Körper aufweist. Die Ursache dafür können blockierter Energiefluss, energiearme oder kranke Organe, Besetzung von Fremdenergien oder energetische Verwundungen aus früheren Leben sein. Dies sind nur einige Ursachen. All dies fordert euch auf, kreativ an der Heilung mitzuwirken. Lasst euch von euren Ideen und den durchgegebenen Informationen leiten, um energetische Operationen durchzuführen.

Ihr könnt zum Beispiel ein Organ, das wenig Energie aufweist und/oder sehr krank aussieht, aus dem energetischen Körper herausnehmen und es in einer heilenden Lösung baden, die es reinigt und wieder energetisiert. Diese Lösung kann mit der Energie von Erzengel Raphael oder der Einhörner gefüllt oder mit der Heilenergie eines entfernten Sterns von Atlantis oder Lemurien versehen sein. Folgt eurer Intuition und den göttlichen Durchsagen. Ist das Organ zu „kaputt“, könnt ihr es auch austauschen, indem ihr euch ein neues mit der Energie der Blaupause des zu Behandelnden von den Engeln oder anderen Lichtwesen, die euch bei der Operation helfen, geben lassen. Setzt das Organ wieder ein und verbindet es mit den Energiebahnen des Körpers, sodass es wieder optimal eingegliedert und verbunden ist.

Auch könnt ihr das Organ mit eurem Geist und euren Händen in seiner Energie aufschwingen, wenn das Energiepotenzial zu niedrig ist. Stellt euch vor, wie sich die dunklen Stellen auflösen und das Organ mit goldener oder der Energie, die ihr durchbekommt, aufgefüllt wird.

Wenn ihr die Ursache für die Blockaden wissen wollt, könnt ihr eure Hellsicht dazu benutzen, in das Organ „hineinzusehen“ und so feststellen, ob sich ein Glaubenssatz, ein Programm oder eine Verletzung dahinter verbirgt. Meistens werdet ihr schon beim vorab geführten Gespräch den seelischen oder energetischen Grund dafür erkennen.

☆☆☆

Verletzungen aus früheren Leben

Es kann vorkommen, dass Verwundungen und Verletzungen aus früheren Leben auf energetischer Ebene sichtbar werden. Viel habt ihr lichten Seelen auf Erden erlebt, viele Leben hinter euch gebracht und einige Verletzungen, egal, ob auf körperlicher oder seelischer Ebene, davongetragen. Während einer Behandlung können diese zum Vorschein kommen und ein Grund für eine reale Beschwerde im jetzigen Leben sein. Abgehackte Hände aus der Vergangenheit können zum Beispiel den Energiefluss an den Handgelenken blockieren, kalte Hände und Taubheit können ein auftretendes Symptom dafür sein. Aber auch Kriegsverletzungen wie Lanzen, die durch einen Körper getrieben wurden, Folterungen, aber auch Vergewaltigungen oder anderer Missbrauch können auf energetischer und/oder seelischer Ebene sichtbar werden. Heilt diese, befreit die Menschen von ihren alten Lasten der Vergangenheit und Restenergien, die sich noch in ihren Körpern befinden. Wenn diese alten Verletzungen sichtbar werden, ist es Zeit für sie zu gehen. Sie waren dankbare Hinweise für die alten Programme und Muster, die ihr noch in euch hattet. Diese Restenergien aus früheren Inkarnationen habt ihr in euer jetziges Leben mitgenommen, damit sie endlich gesehen, erkannt und geheilt werden können. Ihr, liebe Heiler und Heilerinnen, könnt eure Gaben dazu nutzen, diese alten Energien in Licht und Liebe umzuwandeln, um einen optimalen Energiefluss im Körper wieder herzustellen. Vertraut euren Fähigkeiten der Hellsicht, der Hellfühligkeit und der Gabe, zu heilen.

Einsatz von kypernetischen Elementen

Bei den kybernetischen Elementen handelt es sich um energetische Objekte, die kreativ frei erschaffen werden können, je nachdem, wie sie helfen sollen und benötigt werden, um die Heilung von Menschen zu unterstützen. Diese wurden im damaligen Avalon bei Behandlungen eingesetzt und dienten der Heilung von Körper und Geist. Die kybernetischen Elemente unterscheiden sich von den kybernetischen Körpern insofern, als es nur kleine Elemente waren, die zur Unterstützung der Heilung verwendet wurden oder kleine Teile des Körpers zu ersetzen. War zum Beispiel die Blutzusammenstellung nicht mehr optimal, wurde in der Milz ein kleines Element eingesetzt, das das optimale Mischverhältnis wieder herstellte. In der Leber wurde ein energetisches Entgiftungssystem eingefügt, damit Giftstoffe besser abtransportiert wurden. Während einer Behandlung wurden die Elemente erschaffen, die für den Behandelnden benötigt wurden. Die göttliche Kreativität kannte hier keine Grenzen. Nachdem die Aufgabe der kybernetischen Elemente erfüllt war, lösten sie sich in Licht und Liebe auf. Dies fand nur statt, wenn die Ursache für die körperlichen Beschwerden gefunden, geheilt und aufgelöst wurde, so lange blieb das Element als Unterstützung erhalten. Die Priesterinnen der Heilung mussten damals absolut mit sich, ihrem Höheren Selbst und der göttlichen Quelle verbunden sein, um die nötigen Informationen für die Behandlungen zu bekommen.

Nun ist die Zeit auf Erden gekommen, in der ihr wieder

mit diesen „alten" Mitteln arbeiten dürft und könnt. Diese Elemente sollen euch bei eurer spirituellen Weiterentwicklung, zur Erweiterung eures Bewusstseins und zur Heilung energetischer Verletzungen und Blockaden dienen. Ihr könnt die kybernetischen Körper selbst erschaffen oder euch Hilfe von den Priesterinnen von Avalon oder von Sternenpriestern holen. Sie können euch die benötigten Elemente übergeben, wenn ihr euch in ihrer Erschaffung noch nicht sicher seid. Die „Lebens"-Dauer der kybernetischen Elemente bestimmt ihr selbst. Zehn Minuten, drei Stunden, drei Tage – so lange, wie sie für die Heilung wichtig sind. Nutzt diese neuen Methoden, sie werden euch bei der Heilung und Transformation in ein neues Zeitalter sehr hilfreich sein.

Wir haben euch mehrere Möglichkeiten der Anwendung der kybernetischen Elemente beschrieben, die ihr gerne nutzen dürft. Welche Elemente ihr erschafft und wie ihr sie zur Unterstützung der Heilung einsetzt, bleibt euch überlassen. Eurer Kreativität sind hier keine Grenzen gesetzt. Auch könnt ihr bei der Arbeit mit Symbolen und Zeichen in euren Behandlungen so verfahren. Setzt aber für diese Hilfsmittel einen bestimmten Zeitraum fest – höchstens drei Tage –, denn die Heilenergien der Symbole und Zeichen könnten sich nach einer gewissen Zeit ins Gegenteil wenden und den Patienten schwächen oder ihm sogar schaden.

Wir danken euch für euren Mut, Neues aufzunehmen.
Die Sternenpriester des Oriongürtels

Energetische Heilung mit Information und Energie

Liebe Seelen auf Erden,

es wird eine neue Art der Heilung geben, die sich immer mehr verbreiten wird: die Heilung mit Information und Energie. Es gibt seit längerem viele Methoden und Techniken der Neuen Zeit, die einige Lichtarbeiter bereits anwenden. Wir möchten euch hier eine Form der Heilung und der Ernährung vorstellen, die euch helfen wird, unabhängiger vom System der Gesellschaft zu leben. Da euch möglicherweise einige Heilmittel in materieller Form nicht mehr zur Verfügung stehen oder sie an Schwingung und Energie verlieren oder bereits verloren haben, ist es wichtig für euch zu lernen, wie ihr die Energien und Informationen der jeweiligen Mittel in anderer Form zu euch nehmen könnt.

Danke für eure Aufmerksamkeit.
Die Engel der Elohim

☆☆☆

Energetische Behandlung mit Information und Energie

Liebe Lichtarbeiter, liebe Lichtarbeiterinnen,

es ist von großer Bedeutung für euch zu lernen die richtigen Energien intuitiv auszuwählen oder durchzubekommen, die für eure jeweiligen Klienten wichtig sind. Nur Lichtarbeiter, die es gelernt haben, auf ihre Intuition zu hören, sollten diese Methode anwenden. Auch solltet ihr schon so weit in eurer Entwicklung sein, dass ihr aus reinem Herzen behandelt und nicht aus anderen Beweggründen.

Geht in euch und findet heraus, welche Stelle am Körper für eure Behandlungen am besten geeignet ist. Es kann der Bereich der Schienbeine, des Brustbereichs, des Solarplexus oder der Schultern sein, um nur einige zu nennen. Jeder Lichtarbeiter hat seine eigene individuelle Stelle, an der er diese Methode am besten anwenden kann. Verbindet euch mit der göttlichen Quelle und dem Kristallgitternetz der Erde und bittet um die Energie, die der Klient/Patient gerade benötigt. Lasst sie so lange einfließen, bis der Strom von selbst endet. Währenddessen seid innerlich auf Empfang und wartet auf das Mittel, die Farbe oder andere Heilmittel, die euch durchgegeben werden.

Es gibt verschiedene Arten des Empfangens: hellsehen, hellfühlen, hellhören und hellriechen. Arbeitet auf eure Art und Weise, um die optimalen Mittel für die Heilung eures Klienten zu empfangen. Vertraut dem, was euch durchgegeben wird, und folgt euren Impulsen. Das intuitive Heilen wird in Zukunft immer mehr Erfolg und Anklang haben.

Wir möchten euch nun einige Energien vorstellen, die euch durchgegeben werden können.

- Energien der Strahlen der Elohim,
- Energien von einzelnen Farbstrahlen der atlantischen Priester und Priesterinnen,
- Energien von Engeln,
- Energien von Aufgestiegenen Meistern/Meisterinnen,
- Energien von Sternenengeln,
- Energien von Farben,
- Energien von Mineralien,
- Energien von Planeten, zum Beispiel der Sonne, der Venus, den Plejaden,
- Energien von Tieren,
- Energien von hoch schwingenden Gefühlen wie Freude und Liebe,
- Energien von Heilpflanzen.

All das und mehr könnt ihr bei euren energetischen Behandlungen mit einsetzen, um die bestmögliche Hilfe zur Heilung zu geben.

☆☆☆

Vitamine, Mineralstoffe, Kräuter und Heilmittel in Energieform

Das bewusste Empfangen von speziellen Energien gilt auch für Vitamine, Mineralstoffe, Kräuter und Heilpflanzen sowie für alternative Heilmittel. Stellt euch vor, wie ihr mit der göttlichen Quelle, mit eurem Herzen, eurer Seele und dem Kristallgitternetz verbunden seid und bittet um die jeweilige Energie und die darin enthaltene Information des jeweiligen Mittels. Dies kann zum Beispiel Magnesium, Arnika, Vitamin B-Komplex oder Rosmarin sein, je nachdem, was ihr gerade benötigt. Wenn ihr nicht wisst, in welcher Menge ihr Energie benötigt, könnt ihr darum bitten, dass nur so viel in euch fließt, wie ihr braucht und vertragt.

☆☆☆

Lichtnahrung

Liebe Seelen des Lichts,

einige von euch haben sich entschieden, Nahrung in Form von Licht zu sich zu nehmen. Es ist ihr freier Wille wie auch ihre Aufgabe, dies für die Menschheit zu testen. Einige von ihnen stammen aus anderen Welten und benötigen diese Form von Nahrung. Wir möchten euch nun nicht die Lichtnahrung erklären, denn das würde längere Zeit in Anspruch nehmen, sondern diejenigen ermutigen, die sich für die Lichtnahrung entschieden haben, und anderen Menschen den Druck nehmen, sich dieser spirituellen Entwicklung hingeben zu müssen. Für viele hoch schwingende Menschen ist es wichtig, die Nahrung auf Erdenebene zu sich zu nehmen, damit sie nicht „davonschweben“. Normales Essen erdet sie.

Seelen auf Erden, die eine veränderte Einstellung zu Nahrungsmitteln und zum Essen haben, möchten wir Einhalt gebieten, Essen in Form von Licht zu sich zu nehmen. Sie müssen lernen, Nahrungsmittel in realer Form zu essen. Viele versuchen, sich unter dem Vorwand der Lichtnahrung aus ihren Problemen zu mogeln. Für die Menschen, die mit Essen und Nahrungsmitteln nicht im Frieden sind und damit nicht normal umgehen können, bitten wir dringend, die Finger von der Lichtnahrung zu lassen.

Wir danken euch für euer wundervolles Strahlen.

Lord Melchisedek und die Engel des Erzengels Gabriel

Farbstrahlen und ihre Anwendung – Atlantis/Lemurien

Nicht nur Heilmittel und Pflanzen könnt ihr durch euch hindurchfließen lassen, sondern auch bestimmte Farbstrahlen aus unterschiedlichen Ebenen. Atlantische Farbstrahlen sind in ihrer Kraft und Energie anders als Farbstrahlen aus Lemurien, Avalon oder von den Elohim. Eurer göttlichen Kreativität sind dabei keine Grenzen gesetzt. Wenn ihr spürt, dass euer Klient die Energie des blauen Strahls aus Atlantis oder eines atlantischen Priesters bedarf, dann lasst sie durch euch fließen. Auch die Strahlen und Energien der Sonne können die Heilung unterstützen. Verlasst euch ganz auf eure Wahrnehmung und Intuition, ihr bekommt genau das durch, was der Klient gerade braucht. Die Farben, die ihr auf Erden kennt, sind bestimmten Eigenschaften zugeordnet, die die Heilung des Menschen unterstützen können. Wir kennen aber Farben, die ihr noch nie gesehen habt. Öffnet euch für die Farben der Neuen Zeit, denn sie sind nicht mit Worten zu beschreiben. Lasst auch sie durch euch fließen und wendet sie bei Behandlungen an, damit ihr das Spektrum einer möglichen Heilung erweitern könnt. Viel Neues wird kommen.

Wir segnen euch im Licht eures Seins.
Die Priesterinnen aus Avalon

Lichtpunkt – Verbindung zum Universum

Liebe Seelen des Großen Ganzen,

wir möchten euch einen energetischen Punkt in euch vorstellen, der euch die Möglichkeit gibt, eine innere Tür zum Universum zu öffnen. Es handelt sich um den Lichtpunkt, der die Verbindung zum Universum und zum Sein aller Dimensionen und Ebenen darstellt. Verbindet ihr euch mit diesem Punkt, spürt ihr die Weite und die Grenzenlosigkeit der Universen und Dimensionen. Auch die Kräfte und Möglichkeiten, die sich darin verbergen, könnt ihr nach einiger Zeit des bewussten Wahrnehmens spüren. Der Lichtpunkt befindet sich in der Mitte zwischen Brustwirbelsäule und Brustbein und liegt etwas höher als das Herzchakra. Wenn ihr bewusst in diesen Punkt hineinatmet, könnt ihr euch mit dem Universum und anderen Dimensionen verbinden. Fühlt die Weite und die Freiheit. Bei vielen Menschen ist dieser Punkt noch nicht bereit, diese Verbindung herzustellen, da ein gewisser Grad an spiritueller Reife erlangt sein sollte. Nur wer reinen Herzens ist, kann diesen Lichtpunkt spüren und aktivieren, denn er sollte nicht missbraucht werden. Dieser Lichtpunkt bedeutet auch, bereit zu sein, die unendlichen Weiten des eigenen Selbst wahrzunehmen und zu erfassen. Er gibt die Möglichkeit, die ursprüngliche Größe eurer Seele zu fühlen und zu erkennen. Es ist die wahre Größe eures Selbst, die Uressenz von allem auf Erden und im Universum, auf allen Ebenen und Dimensionen, und das Sein der göttlichen Quelle.

Der Lichtpunkt stellt unter anderem das Tor zu anderen Dimensionen dar, wie wir es oben schon erklärt haben. Ihr könnt in andere Welten und Energien eintreten, euch geistig darin aufhalten. Es ist die Welt hinter der Welt, die in euch ist. Es ist wie ein Spiegel, durch den ihr in eine andere Welt gehen könnt. Seid dabei immer geerdet. Menschen, die sich als Sternenmenschen auf Erden inkarniert haben, wird es leichterfallen, diesen Punkt zu aktivieren, da die Sterne und das Universum ihre Heimat sind.

Der Lichtpunkt bringt euch sofort in die Gegenwart, in euer JETZT. Fühlt ihr euch von einer Situation überrumpelt oder von fremdem Energien verwirrt, atmet in diesen Punkt und spürt die Weite und die Verbindung zu eurer Seele und dem Universum. Dies bringt euch sofort wieder in eure Mitte.

Der Lichtpunkt gibt euch die Möglichkeit, in euch frei zu sein, egal, in welcher Situation ihr euch gerade befindet. Diese einmalige Verbindung zur absoluten Weite und Grenzenlosigkeit kann euch keiner nehmen. In diesem Punkt seid ihr absolut frei.

Wir segnen euch im Licht eures Daseins auf Erden.
Die Sternenpriester des Alls

Seelenanteile annehmen und aktivieren

Liebe Seelen auf Erden,

ein Teil eurer Weiterentwicklung besteht aus dem Annehmen von Seelenanteilen. In euren Jahren auf Erden, wir meinen auch die früheren Inkarnationen, habt ihr manches erlebt, das euch dazu bewogen hat, bestimmte Seelenanteile von euch abzuspalten. Doch sie sind energetisch immer mit euch verbunden, egal, wie weit sie von euch entfernt sind. Diese Seelenanteile beinhalten Energien, die bestimmten Bereichen und Gefühlen zugeordnet sind. Es kann zum Beispiel sein, dass eine Seele den Anteil Freude abgespalten hat, weil sie in einem Leben erfahren musste, dass es ihr Unglück brachte, Freude zu empfinden und zu erleben. Oder sie hat sich dazu entschieden, diesen Teil von sich nicht frei zu leben, da sie so unbeschadet durchs Leben kam oder sich nie verletzbar fühlte.

In eurem jetzigen Leben habt ihr die Chance, all die abgespaltenen Anteile wieder zu euch zu holen und zu integrieren, um ganz zu werden. Bevor ihr einen Seelenanteil wieder annehmt, ist es wichtig zu wissen, warum ihr diesen Teil von euch abgespalten hattet. Ist die Ursache dafür geheilt, kann er wieder integriert werden. Stellt euch dazu vor, wie ihr mit „Oben und Unten“ verbunden seid, und atmet die göttliche Liebe in euer Herz. Fühlt euch innerlich bereit und sagt in Gedanken: „ Ich hole nun meinen Seelenanteil „Freude“ in gereinigter und transformierter Form zu mir zurück.“ Stellt euch vor, wie diese Energieform zu euch zurückkehrt und vor euch „stehenbleibt". Sagt nun: „Ich achte und ehre dich und verneige mich vor dir. Es tut mir leid, dass ich mich damals entschieden habe, dich abzuspalten. Ich bitte dich, nun den Weg mit mir gemeinsam zu gehen." Atmet diese Energieform, euren Anteil, in euch ein und fühlt, wie er sich an seinen Platz begibt oder sich im Körper verteilt. Ihr seid nun wieder ein Stück vollkommener geworden. Bei einigen Anteilen kann es sein, dass ihr dieses Vorgehen mehrmals durchführen müsst, weil die Gewohnheit in euch diesen Anteil wieder abgegeben hat. Oft passiert dies mit den Seelenanteilen Macht und Verantwortung. Abgespaltene Seelenanteile können auch an eine andere Seele abgegeben worden sein, die Verbindung blieb jedoch bestehen.

Um die integrierten Seelenanteile zu aktivieren, ist es nötig, eure Aufmerksamkeit auf die Energien in euch zu richten und euer Tun und Handeln in den dazugehörenden Bereichen eures Lebens bewusst wahrzunehmen. So könnt ihr schnell spüren, ob dieser Anteil an Energie verliert. Mit bestimmten Übungen könnt ihr den angenommen Seelenanteil energetisieren und lebendiger werden lassen, zum Beispiel mit Meditieren, Basteln, Malen, in die Natur gehen, bestimmte Farben auswählen usw. Es kommt natürlich darauf an, welchen Anteil ihr stärken wollt. Dazu könnt ihr Lichtarbeiter befragen, denn sie bekommen die dazugehörenden Aufgaben für euch durchgegeben.

Wir danken euch für euer Tun für eine friedvollere Welt.
Die Engel der Erzengel Metatron und Michael

Energieausgleich im Beruf des Heilens, der Lichtarbeit

Liebe lichte Seelen,

wir möchten euch jetzt auf einen Seelenanteil in euch hinweisen, der bei den meisten Menschen, die den Weg ihres Herzens gehen, noch nicht vollkommen angenommen, integriert, aktiviert ist oder gelebt wird. Warum erkennt ihr nicht euren wahren Wert und die göttliche Schönheit in euch? Warum seht ihr nicht, wie wichtig eure Fähigkeiten und Gaben sind, damit die Erde im Ganzen aufsteigen kann? Eure Minderwertigkeit, die ihr euch selbst zuschreibt, verhindert unter anderem einen optimalen Fluss im finanziellen Bereich eures Lebens.

Viele von euch, speziell die Lichtarbeiter, die ihrer Berufung bereits nachgehen, haben das Syndrom: „Ich bin nichts wert“ und verlangen oft zu wenig oder nichts für ihre Dienste. Aber euch wurden die Fähigkeiten und Gaben nicht verliehen, um sie kostenlos anzuwenden. Der mindere Selbstwert ist in eurem Bewusstseinsfeld und in euren Köpfen verankert undverhindert, dass viele Menschen zu euch kommen, um Heilung zu empfangen. Geht aus dieser Energie. Lernt es, zu euch zu stehen, euren wahren Wert zu erkennen und nach außen zu tragen. Dazu gehört auch der Mut, so viel Geld für eure lichte Arbeit zu verlangen, wie ihr gebührt. Lernt, einen optimalen Energieausgleich zu finden, der euch freudig stimmt. Wir meinen damit, dass es für euch gut wäre, aus reinem Herzen das Geld für eure Arbeit zu empfangen und mit Freuden anzunehmen. Dies ist für viele Lichtarbeiter eine schwere, aber doch lösbare Aufgabe. Habt ihr eine gewisse Zeit lang einen bestimmten Betrag für euer Tun verlangt, könnt ihr zu anderen Bezahlungsmethoden übergehen, wenn es für euch stimmig ist. Voraussetzung dafür ist, dass ihr keinen Mangel mehr an Selbstwert in euch habt, und das Finanzielle sollte von seiner Wichtigkeit in den Hintergrund getreten sein. Es gibt verschiedene Zahlungsweisen, nicht nur für den gesundheitlichen und therapeutischen Bereich, die den meisten schon bekannt sind, die wir hier aber noch einmal aufführen werden.

Bei Vorträgen und Seminaren:

Stellt eine Box auf, in der jeder Teilnehmer seinen Betrag einwerfen kann, oder lasst einen Korb herumgehen. Dabei gibt jeder so viel Geld hinein, wie er bezahlen möchte oder/und kann.

Bei Heilbehandlungen, Beratungen und Ähnlichem:

Der Klient darf selbst entscheiden, welchen Betrag er zahlt.

So bleibt es für jeden bezahlbar, der bereit ist, Hilfe anzunehmen und an sich zu arbeiten. Aber prüft, ob diese Art von Energieausgleich für euch stimmig ist. Nicht jeder muss diesem folgen. Auch eine normale Bezahlung in festgesetzten Geldbeträgen ist im göttlichen Sinn.

Wir segnen euch in eurer Herrlichkeit und eurem göttlichem Strahlen.

Die Engel der Göttin Abundantia

Vorsicht vor teuren Angeboten und Preisen

Liebe Menschen,

viele Seelen, die sich Lichtarbeiter nennen, haben sich von ihrem Ego wieder fangen lassen oder sich nie davon befreit. Überhöhte Preise für Behandlungen, Beratungen, Seminare oder andere Heilmethoden sollten euch aufhorchen lassen. Sind sie reinen Herzens? Heilen und handeln sie im Dienst des Göttlichen? Vorsicht ist geboten! Ein zu hoher Geldbetrag, den ihr entrichten sollt, oder Seminare, die weiterführend oder bindend sind, können mit manipulativen Energien versehen sein. Achtet auch darauf, was ihr an Hilfsmitteln für eure Transformation erwerbt. Viele Gegenstände, die als heilend angepriesen werden, haben nicht die Qualität, die sie versprechen. Geht nach eurem Gefühl und entscheidet, welche Hilfsgegenstände ihr für die Transformation und das Leben in der Neuen Zeit benötigt. Fühlt immer in euch hinein, ob das Preisleistungs- und Preisqualitätsverhältnis für euch stimmig sind. Bleibt klar und in eurem Herzen, ich bin bei euch.

Jesus Christus

☆☆☆☆☆

Praktische und energetische Tipps

Im Alltag

Zwischenmenschliches:

- Deinen Mitmenschen Frieden senden.
- Um auf eventuelle Anfeindungen oder Anschuldigungen nicht einzugehen, sag zu deinem Gegenüber: „Friede sei mit dir“, und gehe dann weiter deinen Weg. Nicht auf die Egoenergien mancher Menschen eingehen.
- Du kannst auch den Menschen, der nicht freundlich zu dir war, in Gedanken segnen.
- Liebe in blockierte Situationen senden.
- Liebe in schwierige Beziehungen senden.
- Wahrnehmung schulen, wenn andere Menschen deine Grenzen übertreten. Stehe dann zu dir und weise den Menschen auf eventuelle Grenzüberschreitungen hin.

  Lichtarbeiter nehmen zu viel hin und möchten alles in Frieden und Liebe lösen, doch manchmal muss man Grenzen setzen, um sich selbst zu schützen.

Schutz:

- Sich in einer goldenen Kugel vorstellen.
- Sich in einem Dodekaeder (Körper mit zwölf Flächen) aus Sternenglas vorstellen.
- Weißes „X“ oder ein umgedrehtes „Y“ zwischen dir und deinem Gegenüber aufstellen.
- Schutz bei einem Telefongespräch. Klebe dir einen

Zettel ans Telefon, damit du vor dem Annehmen eines Gesprächs an eine violette Flamme erinnert wirst, in die du dich stellen kannst.

- Abends vor dem Zubettgehen Verstrickungen trennen. So kannst du frei schlafen.
- Das Haus, die Wohnung, das eigene Land in eine goldene Kugel oder einen Dodekaeder hüllen.
- Bei Unwetter die Wind-, Regen-, Hagel-, Gewitterwesen achten und ehren. Ihnen für ihre wundervolle Arbeit danken, sie ist für den Aufstieg der Menschen und der Erde wichtig. Die Wesen darum bitten, dein Heim vor Schaden zu bewahren.
- Mehrere Engel als Schutz vor Unwetter um das Haus stellen.
- Bei Tieren, wie zum Beispiel Katzen, eine Elfe als Schutz mitsenden, wenn sie auf Streifzug sind.

Essen:

- Während der Zubereitung das Essen mit göttlicher Energie segnen.
- Vor dem Essen das Essen segnen und sich dafür bedanken.
- Lebensmittel mit Symbolen, zum Beispiel Atlantisheilsymbolen oder der Blume des Lebens, von Fremdenergien reinigen und in ihrer Energie aufschwingen.
- Unter eine Glaspyramide stellen.
- Es gibt auch Platten/Schalen, mit Tachyonenenergie versehen, auf die man das Essen stellen kann. Es wird dann in seiner Schwingung erhöht.

- Reste verwerten.
- Kühlschrank mit Symbolen oder Energizern versehen.

Blumen und Pflanzen in Räumen:

- Gießwasser mit verschiedenen Kristallen energetisieren.
- Wasser kodieren
- Wasser segnen oder mit speziellen Essenzen versehen, zum Beispiel mit Bachblüten.
- Pflanzen Liebe senden.
- Verschiedene Produkte zur Energetisierung benutzen.

Meditation:

- Üben, im Jetzt zu leben, und wenn es nur für zwei Minuten ist.
- Sich von Fremdenergien und Verstrickungen trennen.
- Die Chakren ausgleichen und energetisieren.
- Sich mit der göttlichen Quelle, dem eigenen Herzen und dem Kristallgitternetz der Fünften Dimension verbinden.
- Sich in die Mitte seiner Lebenskreise begeben.
- Sich ganz von der Dritten Dimension lösen, um sich sogleich mit der Fünften Dimension zu verbinden.
- In den Lichtpunkt atmen und die Weite des Universums und der eigenen Seele fühlen.
- Probleme, alte Muster, Glaubenssätze und energetische und seelische Verletzung ins Herz nehmen und heilen.
- Der Welt Liebe senden.

- Liebe an die Bewohner des Meeres und an andere Tiere senden.
- Du kannst überallhin Liebe senden, deiner Kreativität sind keine Grenzen gesetzt.
- Den Himmel reinigen.
- Deinen Selbstwert stärken.
- Dich mit der eigenen Seele verbinden.

Reinigung und Energetisierung der Wohnräume:

- Die eigenen Räume mit Weihrauch, weißem Salbei oder Beifuß reinigen.
- Eigenes Weihwasser herstellen, dazu nur das Wasser mit den Worten segnen: „Ich segne dieses Wasser mit Licht, Liebe und Dankbarkeit." Das gesegnete Wasser dann in die Räume sprühen oder mit den Fingern in der Luft verteilen.
- Hoch schwingende Essenzen versprühen.
- Sich vorstellen, wie eine linksdrehende violette Spirale durch die Räume fegt und alles mitnimmt, was nicht dorthin gehört und zu niedrig schwingend ist.
- Mit einer rechtsdrehenden violetten Spirale kannst du genauso vorgehen, dann werden die Räume energetisiert.
- Eine Schale, mit Wasser und 3/4 Salz gefüllt, für mehrere Tage aufstellen. Bitte Untersetzer unter die Schale stellen, da das Salz über die Schale hinauswächst. Es zieht alle negativen Energien aus dem Raum.
- Weiße Rosen in einer Vase erhöhen die Schwingung.

- Orchideen hinstellen, sie sind die am höchsten schwingenden Blumen.
- Gegenstände aufstellen, die kraftvoll sind.
- Einen eigenen Altar errichten.
- Energetisierte Fensterbilder wie die Blume des Lebens oder andere Symbole einzubringen.

Eigene Reinigung:

- Sich vorstellen, unter einer Lichtdusche zu stehen.
- Meersalzbad mit ein bis zwei Liter kodiertem Wasser zum Energetisieren.
- Fußbad mit Meersalz.
- Sauna.
- Viel Wasser trinken.
- Erzengel Michael bitten, alle Fremdenergien zu lösen.
- Erzengel Metatron um Schwingungserhöhung bitten.

Sonstiges:

- Symbole und/oder positive Worte oder Sätze auf den eigenen Körper aufzeichnen.
- Linksdrehende Spirale für Blockadenlösung und rechtsdrehende Spirale für Energetisierung auf die Meridianpunkte zeichnen.
- Zahnpasta ohne Fluor.
- Nur reine Lebensmittel verwenden, so weit es geht, auf Fertigprodukte verzichten. Sie enthalten Stoffe, die die Eigenschwingung senken.
- Möchtest du trotzdem ein Fertigprodukt verwenden, reinige, entkodiere und energetisiere es.

- Glutamat und andere künstliche Stoffe meiden. Sie senken die Eigenschwingung und docken uns wieder an das Netz der Dritten Dimension an.
- Kein Wasser aus Plastikflaschen trinken.
- Reines Biogemüse und Bioobst essen. Wenn es finanziell nicht geht, Gemüse und Obst energetisch reinigen, energetisieren und segnen.

Dies sind nur Vorschläge. Natürlich gibt es noch viel mehr Möglichkeiten, sich selbst und sein Heim zu energetisieren, zu schützen, zu transformieren und aus reinem Herzen zu leben. Jeder sollte auf seine Intuition hören und ihr folgen. Jede Seele ist individuell und so einzigartig, dass es zum Glück genauso viele Möglichkeiten und Angebote gibt, für sich selbst das Passendste auszusuchen.

In Liebe und Achtsamkeit,
die Engel des Erzengels Uriel

☆☆☆

Schwingung erhöhen und in die eigene Mitte kommen

Liebe Seelen auf Erden,

ab und zu kann es noch vorkommen, dass durch bestimmte Ereignisse oder Situationen eure Schwingung so weit abfällt, dass die Hilfe von Erzengel Metatron nicht ausreicht, um euch wieder in eine hohe Schwingung zu bringen. Es wird einige Zeit dauern, bis ihr diese wieder erreicht habt. Ist das der Fall, habt ihr nicht nur an Schwingung verloren, sondern wurdet auch aus eurer Mitte gebracht beziehungsweise habt euch bringen lassen. Jetzt gilt es, euch neu zu ordnen, wieder in eure Mitte zu gehen und eure Schwingung zu erhöhen. Damit dies schneller geht, möchten wir euch einige Tipps geben, wie ihr wieder ganz werdet. Dafür ist es wichtig zu erkennen, warum ihr in eine solche Situation geraten seid, in der ihr so viel Energie verloren habt und eure Eigenschwingung derart abgesunken ist. Erzengel Metatron kann euch natürlich bei der Schwingungserhöhung behilflich sein, dies funktioniert aber erst, wenn ihr selbst eine bestimmte Schwingung erreicht habt.

Um eure Schwingung zu erhöhen, gibt es viele Möglichkeiten. Einige davon sind:

- Hohe energetische Nahrung zu euch nehmen.
- Kodierung eures Wasser.
- Reine Gedanken erzeugen.
- Das Erlebte in eurem Herzen heilen.

- In der Natur sein.
- Zu Kraftplätzen gehen, um euch dort wieder aufzuladen und zu kräftigen.
- Meditieren.
- In Freude sein.
- In Liebe sein.
- Hoch schwingende Musik hören.
- Singen.
- Erzengel Metatron um Hilfe bitten, die Eigenschwingung zu erhöhen.
- St. Germain bitten, euch mit seiner violetten Flamme dabei zu helfen.
- Euch mit Freunden, die im Moment höher schwingen, treffen oder mit ihnen telefonieren. So wird eure Schwingung automatisch angehoben. Bitte darauf achten, keine Energien abzuziehen oder niedrige Energien bei den Freunden zu lassen.
- Anwendung von Einhornessenzen.
- Anwendung von Essenzen und Ölen mit hoher Schwingung.
- Anwendung von energetisierten Kristallen.
- Symbole wie die Atlantisheilsymbole, Blume des Lebens oder Ähnliches.
- Euch mit der göttlichen Quelle verbinden und sagen: „Ich verbinde mich mit der göttlichen Quelle und bitte darum, die göttliche Liebe durch mich fließen zu lassen."
- Bad mit Meersalz zur Reinigung von Fremdenergien.

- Erzengel Michael bitten, alle Verknüpfungen und Verstrickungen, die euch mit anderen Menschen verbinden, zu durchtrennen und zu lösen, um die reine Herzensliebe wieder fließen zu lassen.
- Lachanfälle lösen Blockaden und heben eure Schwingung.
- Malen, zeichnen oder anderweitig kreativ sein.
- Dem nachgehen, was euch Freude macht.
- Freunde und/oder andere Lichtarbeiter um Hilfe bitten.

All dies sind Möglichkeiten, um euch wieder zu energetisieren und eure Schwingung zu erhöhen. Das Wichtigste bei all dem ist, euch dessen bewusst zu sein, was die Ursache für das Absinken der Eigenschwingung war, um es beim nächsten Mal anders zu machen oder es im Vorfeld schon heilen oder lösen zu können.

Wir danken euch für euer Sein auf Erden.
Die Engel des Erzengels Metatron

☆☆☆

Kodierung des Wassers

Liebe Seelen auf Erden,

wie ihr bereits wisst, ist die Schwingung des Wassers, das ihr zu euch nehmt, von großer Wichtigkeit. Es gibt bereits viele Hilfsmittel, die die Energie des Wassers verstärken und erhöhen können. Symbole, Bilder, Karten usw. können das Wasser in seiner Energie erhöhen und kodieren. Der Markt ist sehr vielfältig, und jeder kann sich die Zeichen, Symbole und Gegenstände aussuchen, die ihn ansprechen. Fühlt bei der Auswahl mit eurem Herzen, ob der Gegenstand, den ihr erwerben wollt, rein und wirklich hoch schwingend ist. Viele Dinge sind in ihrer Energie nicht stimmig und überteuert. Also geht mit bewusstem Sein beim Kauf vor. Wer von euch momentan finanziell nicht die Möglichkeit hat, Geld für diese Dinge auszugeben, kann die einfachste Variante wählen, indem er das Wort „Liebe“ auf einen Zettel schreibt und sein Wasser mindestens zehn Minuten daraufstellt. Dies kostet nichts und erhöht die Schwingung des Wassers. Auch könnt ihr Worte wie Vertrauen, Freude, Loslassen und viele andere für die Kodierung eures Wassers verwenden, Worte und Sätze, die euch bei eurer Heilung unterstützen. Eurer göttlichen Kreativität sind hier keine Grenzen gesetzt.

☆☆☆

Entkodierung und Reinigung

Entkodierung

Liebe Menschen auf Erden,

bestimmte Dinge sind mit der neuen Nanotechnologie produziert worden, wie zum Beispiel Zahnfüllungen, Nahrungsmittel oder Imprägniersprays für Schuhe. Die Nanotechnologie wird gerne eingesetzt und als die neue Technologie angepriesen. Sie ist ansich nichts Schlimmes, nur wird sie dazu missbraucht, die Menschen unter Aufsicht und Kontrolle zu halten. Auch andere Produkte, die nicht in der Nanotechnologie hergestellt werden, können mit manipulativen Energien versehen worden sein, um die Menschen negativ zu beeinflussen. Dabei kann es sich auch um esoterische Gegenstände, Nahrungsergänzungsmittel oder Medikamente handeln. Deswegen ist es wichtig, diese Gegenstände/Produkte/Nahrungsmittel zu entkodieren. Dies könnt ihr mit einem Biotensor tun. Lasst den Tensor in die linke Richtung schwingen und sprecht dabei: „Alle Informationen von niedrig schwingenden Energien werden nun entkodiert und aufgelöst, auf allen Ebenen, äonenhaft, auf allen Dimension, in allen Zeiten, Vergangenheit, Gegenwart und Zukunft. Dieser Gegenstand ist nun frei von fremden Energien. So sei es."

Ihr könnt dies auch mit euren Händen tun, indem ihr eure Handflächen in Richtung des Gegenstands haltet oder sie darauf legt und dasselbe sagt. Seid bei dieser

Reinigung immer gut geschützt. Nach der Entkodierung wäre es gut, den Gegenstand zu energetisieren. Dies könnt ihr mit Symbolen tun, die ihr mindestens fünf Minuten darunter oder auflegt. Wenn ihr kein Symbol oder Zeichen zur Hand habt, benutzt eure Hände, indem ihr göttliche Liebe durch sie strömen lasst, oder zeichnet eine rechtsdrehende Spirale auf das Produkt oder Papier, das ihr unterlegt. Auch mit dem Biotensor könnt ihr das Produkt energetisieren (rechtsherum schwingen lassen) oder andere Methoden verwenden, die euch geläufig sind. Nicht immer ist es bekannt, in welchen Produkten sich Kodierungen befinden. Vielleicht hört ihr „zufällig" etwas, oder ihr folgt einfach eurer Intuition.

Reinigung

Nahrungsmittel wie auch andere Gegenstände, die ihr zum Leben braucht oder mit denen ihr gerne umgeht, können beim Erwerb noch Fremdenergien in oder auf sich tragen. Hier geht es nicht um die bewusste Verunreinigung, sondern um die Energien, die sich während des Transportwegs angesammelt haben. Auch ein Erntehelfer in einem anderen Land kann seine Energien auf einer Mangofrucht lassen. Dies ist nur ein Beispiel. Seid bewusst beim Einkauf und bei der Aufbewahrung und Reinigung eurer Lebensmittel und anderer Dinge wie Kleidung, Hygienemittel usw. Ihr könnt die rechtsdrehenden Spiralen auf eure Deos, Duschgels usw. aufmalen oder sie mit Symbolen reinigen und energetisieren. Ihr könnt in eine Schale, die ihr mit der Blume des Lebens verseht, euer Obst und Gemüse legen. Ihr könnt energetisierte Platten von Tesla oder Produkte mit Tachyonenenergie benutzen. Es gibt unzählige Hilfsmittel, wie ihr eure Lebensgegenstände reinigen und energetisieren könnt. Ihr könnt dies auch mit euren Händen, eurem Herzen oder eurem Geist tun, indem ihr energetisch arbeitet. Dies sind nur Anregungen, wichtig ist es, eurer Intuition zu folgen und bewusst zu leben, zu sein und zu handeln.

Danke.

Die Engel des Meisters Hilarion und die Elementarwesen des Peter Pan

☆☆☆

Selbst hergestellte Globuli und Essenzen

Liebe Seelen auf Erden,

wir, die Priesterinnen von Avalon, möchten euch dazu ermutigen, eure Kreativität im Bereich „Heilung und Gesundheit“, zu erweitern. Mehrere bisher bewährte Heilmittel, wie zum Beispiel die Klassische Homöopathie, verlieren auf Dauer ihre Wirkung auf Erden. Bei Menschen, die sich am Anfang ihres Weges befinden, sind sie eine gute Hilfe und Unterstützung, um zu heilen. Bei Seelen, die bereits etwas höher schwingen, verliert die Homöopathie langsam ihre Wirkung. Ihr könnt diesen Vorgang etwas aufhalten, indem ihr eure homöopathischen Mittel wie Globuli und Dilatationen mit einer rechtsdrehenden Spirale verseht. Entweder ihr malt sie direkt auf das Glas, in dem sie sich befinden, oder ihr stellt sie auf ein höher schwingendes Symbol. Dies ist aber nicht unsere Botschaft an euch, sondern wir möchten euch bitten, den Mut zu haben, eigene Heilmittel in Form von Globuli herzustellen. Es gibt Globuli, sie nennen sich unarzneiliche Globuli, die ohne Wirkstoff und Schwingung versehen sind. Diese dienen als Träger der gewünschten Energie. Die Seelen auf Erden, die sich dazu bereit fühlen, können diese Art der Herstellung von Heilmitteln, eine spezielle Energieübertragung, anwenden. Eurer Kreativität, welche Energien ihr für die Globuli auswählt, sind keine Grenzen gesetzt. Ihr solltet aber einen reinen Kanal und ein reines Herz aufweisen, um diese neuen Heilmittel herzustellen. Sonst kann es sein, dass die Energieübertragung unrein ist und die heilende Wirkung, die ihr euch vorgestellt habt, nicht erzielt wird.

Wenn ihr Globuli mit eigener Energie herstellen wollt, begebt euch in Meditation. Verbindet euch mit der göttlichen Quelle, eurem Herzen und dem Kristallgitternetz der Erde und atmet in euer Herz die göttliche Liebe, um in die Stille zu kommen. Entweder ihr wisst bereits, welche Energie und Schwingung ihr übertragen wollt, oder ihr bittet um die Energie, ihre Information und eventuell auch ihren Namen, die diese Globuli energetisieren soll. Seid ihr bereit für die Energieübertragung, umfasst die Globuli mit euren Händen oder dem Gefäß, in dem sie sich befinden, und lasst die Energie durch euch hindurchfließen, um so die Globuli zu energetisieren. Ihr könnt in Gedanken oder auch laut sagen: „Ich bitte nun darum, dass diese Globuli mit der Energie, der Information und der Schwingung der Calendula Pflanze energetisiert werden. Danke." Spürt, wie die Energien durch euch fließen, so lange, bis der Energiefluss aufhört. Dann ist die Energetisierung fertig. Dieses Verfahren könnt ihr ebenso bei der Herstellung von Essenzen anwenden.

Wenn ihr euch in eurem Tun nicht sicher seid, könnt ihr mit einer Kodierung, ähnlich wie bei der Wasserkodierung, vorgehen. Legt einige Globuli auf ein Symbol oder ein Wort, das ihr auf ein Blatt Papier aufschreibt, zum Beispiel eine Heilpflanze oder einen hoch schwingenden Satz wie: „Ich bin Liebe", und lasst sie dort für mindestens zehn Minuten liegen, damit die Kodierung geschehen kann. Auch eine homöopathische Potenz, wie zum Beispiel D6, C30, eine bestimmte Boviseinheit oder andere Schwingungs- und Energieeinheiten, könnt ihr zu der gewünschten Energie mit auf den Zettel schreiben. Namen von Kristallen, Sternen, Tieren (Krafttiere), eure Seelensprache oder auch Farben oder Gefühle, wie zum Beispiel Liebe, könnt ihr auswählen. Vielleicht bekommt ihr sogar die Energie des Wortes durch, die ihr in dem Moment benötigt. Auch Worte wie Loslassen, Vertrauen oder Schutz können gewählt werden. Wie gesagt, eurer Kreativität sind keine Grenzen gesetzt. Wir bitten euch, diese neue Form der Heilung in euer Leben zu integrieren, denn wir können nicht genau erkennen, ob ihr immer die Heilmittel zur Verfügung haben werdet, die ihr benötigt. Verlasst euch auf eure Intuition und eure Fähigkeiten.

Ihr könnt auch die Globuli mit bestimmten Energien von Lichtwesen, Meistern oder Priestern energetisieren, wenn sie dazu bereit sind. Wie gesagt, eure Kreativität und Intuition sind gefragt.

Wir danken euch für eure Aufmerksamkeit.
Die Priesterinnen von Avalon

☆☆☆

Heilen und Arbeiten mit Symbolen und anderen Zeichen und Schriften

Liebe Seelen auf Erden,

arbeitet mit den Mitteln, die euch zur Verfügung stehen. Öffnet euch neuen Ideen und Impulsen, denn nur so können sich neue Heilmethoden und Hilfsmittel entwickeln. Es gibt einige unter euch, die dazu berufen sind, diese in sich entstehen zu lassen und nach außen zu bringen, sodass sie vielen Menschen zur Verfügung gestellt werden können. Symbole, Zeichen und heilende Worte könnt ihr bei der Kodierung von Wasser, bei der Heilung eures Körpers, eures Geistes und eurer Seele einsetzen, wie auch zur Energetisierung und Reinigung von Räumen oder Heilung der Natur. Dies sind nur einige Bereiche, in denen ihr die neuen Heilweisen anwenden könnt. Symbole, Zeichen oder heilende Worte könnt ihr auf euren Körper auflegen oder aufmalen. Zeichnet sie auf einen Punkt, der euch besonders schmerzt, oder auf einen Meridianpunkt, der blockiert ist. Auch einfache Worte, wie zum Beispiel Liebe, Freude, Vertrauen oder Sätze wie „Ich liebe“, „Ich bin Liebe“, „Ich heile“, könnt ihr auf euren Unterarm oder Bauch schreiben. Das Zellwasser wird dann mit diesen Energien der Worte/Sätze kodiert. Deswegen sind Tattoos immer gut zu überdenken, weil sie auch das Zellwasser kodieren und die Körperzellen in dieser Art beeinflussen.

Um eure Transformation zu unterstützen, könnt ihr auch Symbole oder Zeichen auf eure Chakren legen, damit diese energetisiert werden. Oder ihr stellt euch direkt auf ein Symbol und nehmt die Energie bewusst wahr, die euch von diesem Symbol aus bestrahlt. Zur Heilung der Natur könnt ihr Symbole oder Worte verwenden, indem ihr sie auf einen Stein malt und diesen an einen bestimmten Platz setzt. Malt heilende Worte auf Holztafeln und stellt sie auf. Bestickt bunte Fahnen mit Worten und Sätzen in eurer Muttersprache wie die asiatischen Vorbilder. Hängt sie im Garten oder am Balkon auf. Ihr könnt Symbole in Holz schnitzen, ach, es gibt so viele Möglichkeiten. Lasst euch von eurem Herzen führen und setzt eure Impulse diesbezüglich um, wie ihr was anwendet.

Wir danken euch und freuen uns, euch begleiten zu dürfen.

Die Engel der Elohim

☆☆☆

Heilkraft der Blumen und Bäume

Liebe Menschen auf Erden,

wir würden uns sehr freuen, wenn ihr die Kraft der Blumen und Bäume mehr für eure Heilung verwenden würdet. Diese Pflanzen strahlen eine solch starke Energie aus, dass sie sehr hilfreich für eure Transformation sind.

Blumen

Blumen bieten sich wunderbar an, in die Räume eures Zuhauses getragen zu werden. Sie leben zwar in anderer Form weiter, als wenn sie in der Erde weiterwachsen würden, aber sie sehen es als ihre Aufgabe, euch auch in dieser Art bei eurer Heilung zu unterstützen. Blumen haben seit jeher eine besondere Bedeutung. Die Rose steht zum Beispiel für die bedingungslose Liebe. Alle Symbole hier aufzuzählen wäre zu viel. Es gibt sehr viele Bücher aus verschiedenen Kulturen, die diese Thematik und Symbolik ausführlich erklären und beschreiben. Nutzt dieses Wissen oder folgt eurer Intuition, um euch mit den Blumen zu umgeben, die gerade wichtig sind.

Bäume

Bäume haben eine magische Zauberkraft in sich und sind gerne bereit, die meisten jedenfalls, euch in eurer Entwicklung, in eurem Sein zu unterstützen. Wenn ihr euch einen Baum in der freien Natur aussucht, um mit ihm zu sein, dann achtet bitte darauf, dass er auf einem hoch schwingenden Platz steht, sonst könnte das Gegenteil geschehen und euch Energie verloren gehen. Bäume, die sich entschieden haben, auf einem energetisch schwierigen Platz zu leben, haben die Aufgabe, die Energien so weit abzulenken, zu harmonisieren oder umzuwandeln, dass kein größerer Schaden für Erde, Pflanzen, Tiere und Menschen entsteht. Sie haben nicht die Konzentration und die Kraft, auch noch den Menschen zu heilen. Diesen Bäumen könnt ihr Kraft und Liebe oder ähnliche Energien senden, um sie in ihrer Aufgabe zu unterstützen und in ihrem Sein zu stärken. Fragt sie oder ihre Bewohner, wie den Baumgeist oder die Devas, was sie zurzeit benötigen. Sensitive Menschen können spüren, ob der Ort schwere Energien in sich trägt. Schwindel, Übelkeit oder Kopfdruck können Symptome dafür sein.

An die Bäume, die sich für die Heilung der Menschen bereit erklärt haben, könnt ihr euch getrost anlehnen. Ihr könnt sie umarmen oder einfach nur ihre wärmende Geborgenheit spüren und empfangen. Diese Bäume haben noch andere Aufgaben, aber sie lassen sich gut mit der Unterstützung der Menschen vereinen. Jeder Baum steht für eine bestimmte Eigenschaft oder ein Symbol. Dazu könnt ihr viel bei den Kelten nachlesen. Sie haben diese Forschung sehr detailliert betrieben. Auch gibt es andere Quellen des Wissens, die Bedeutung für den jeweiligen Baum herauszufinden. Folgt dem inneren Ruf. Oft müsst ihr gar nicht genau wissen, wofür ein Baum oder eine Blume steht. Später, wenn ihr es einmal erfahren solltet, werdet ihr merken, dass es genau der richtige Baum für euch war.

Wir segnen euch im Licht eurer Seele.
Die Baumgeister aus dem Schwarzwald

☆☆☆

Innere Harmonie der fünf Elemente

Liebe Seelen des Lichts,

hier sprechen Merlin und Meister Hilarion. Wir möchten euch heute mitteilen, dass ihr große Achtsamkeit auf eure inneren fünf Elemente legen solltet. Wasser, Metall, Erde, Luft und die göttliche Liebe haben in euch alle die gleichen Anteile. Es ist natürlich, dass sie mal aus dem Gleichgewicht geraten, zu viel passiert gerade auf eurer Welt. Darum ist es wichtig, dass ihr sie hegt und pflegt und sie in Harmonie zueinander bringt. Es gibt verschiedene Lehren und Methoden, zum Beispiel die Ernährung nach den fünf Elementen, das Tanzen der Elemente, Akupunktur, um nur einige zu nennen. Wir aber meinen das energetische Gleichgewicht mit den fünf Elementen in euch.

Setzt euch hin und werdet still. Verbindet euch mit der göttlichen Quelle, mit eurer Seele und dem Kristallgitternetz der Erde. Bittet nun die göttliche Quelle, uns oder andere Lichtwesen, die sich in diesem Fachgebiet auskennen, euch zu helfen, die fünf Elemente in euch auszugleichen. Fühlt und stellt euch vor, je nachdem, was euch leichterfällt, wie sich das Rad der Elemente in euch ausgleicht. Spürt, wie alles wieder rund und ganz wird. Wie jedes Element in Verbindung zueinander in gleicher Stärke erstrahlt. Jedes nährt das andere.

Ihr könnt auch in der Heilarbeit mit den Elementen arbeiten. Ein Beispiel: Hat der Patient erhöhte Temperatur oder sogar Fieber, stärkt sein Wasser und/oder sein Erdelement, damit das Feuer „gelöscht“ wird beziehungsweise dieses Element in seiner Kraft abnimmt. Interessiert ihr euch für das Thema der fünf Elemente und was die einzelnen Elemente bedeuten und wie sie zueinander stehen, bitten wir euch, Bücher zur Hand zu nehmen, die dieses Thema behandeln.

Wir danken euch für euer Interesse.
Merlin und Meister Hilarion

☆☆☆☆☆

Neue Zeremonien

Liebe Seelen auf Erden,

in der Neuen Zeit wird es nicht mehr so wichtig sein, bestimmte Verträge wie bei einer Heirat abzuschließen oder Einweihungen der alten Energie wie die Taufe zu tätigen. Neue Zeremonien sind nun gefragt.

Lichttaufe

Bei der Lichttaufe wird das Kind in den Kreis der Verwandten und Freunde aufgenommen und willkommen geheißen. Es wird mit seinem Erdennamen gesegnet, sodass die Energie des Namens eins mit ihm wird. Die Zeremonie der Lichttaufe hilft dem Baby/Kind, sich besser auf der Erde zu orientieren und seine göttlichen Energien auf Erde zu leiten. Der Seelenkörper wird mit dem Körper des Babys vereint, wenn dies nicht schon vorher geschehen ist. Durch die Lichttaufe kann sich das Baby besser mit seinem Leben und der Erde verwurzeln.

Die Mutter oder der Vater (oder beide) wählen liebe Menschen aus, die ihr Kind auf seinem Weg mit ihren Fähigkeiten und Energien unterstützen können. Sie werden zu Lichttanten und Lichtonkeln ernannt, auch wenn sie vielleicht nicht den „richtigen“ verwandtschaftlichen Grad dazu haben. Die Eltern wählen sie sorgfältig und nach ihrem Herzen aus. Jeder Lichtonkel und jede Lichttante steht für bestimmte Eigenschaften. Damit jeder weiß, wofür er steht, könnt ihr jedem eine Art Dokument schreiben, das alle Eigenschaften aufzählt und sie/ihn als Lichttante/Lichtonkel ernennt. Zum Beispiel steht die eine Lichttante für Humor, Lachen und Weisheit, und die andere für Reisen, Kommunikation und Erdenwissen. Lasst euch von den individuellen Seelenenergien eines jeden inspirieren und wählt die Menschen für euer Kind aus, die passen. Bitte fragt die jeweiligen Menschen vor der Lichttaufe, ob sie diese besondere Aufgabe übernehmen wollen. Bittet sie dann, einen Wunsch, dem sie dem Kind auf den Weg geben möchten, aufzuschreiben.

Kinder, die ihr als Weggefährten auswählen wollt, werden Lichtschwestern und Lichtbrüder genannt. Sie stehen genauso wie die Erwachsenen für bestimmte Eigenschaften und dürfen sich Wünsche für den Lichttäufling ausdenken.

Widmet euch dann der Auswahl der Lichtpaten. Jeder Pate/jede Patin repräsentiert eins der vier Elemente der Erde. Schaut, welche Fähigkeiten die von euch gewünschten Menschen in sich haben und zu welchem Element sie passen könnten. Jeder Pate/jede Patin sollte vorher gefragt werden, ob er/sie die Aufgabe des Lichtpatens übernehmen möchte. Bittet ihn/sie, sich vier Wünsche auszudenken und aufzuschreiben, die er/sie dem Kind mit auf den Weg geben möchte. Diese werden während der Zeremonien von den jeweiligen Paten vorgelesen.

Ihr sucht euch einen Priester/eine Priesterin oder eine liebe Person aus, die diese Zeremonie der Lichttaufe leiten soll. Wir meinen mit dem Priester keinen katholischen Priester oder einen Geistlichen einer anderen Konfession oder freien kirchlichen Gemeinschaft, sondern einen spirituellen Priester/eine spirituelle Priesterin. Es kann ein lieber Mensch eurer Verwandtschaft oder eures Freundeskreises sein, der die Fähigkeiten zu dieser Aufgabe in sich trägt. Dabei muss er diese nicht beruflich ausüben. Es kann sogar sein, dass er sich dieser Fähigkeit vorher gar nicht bewusst war. Ihr werdet genau wissen, wen ihr um die Ausführung und Leitung der Zeremonie bittet.

Wir möchten euch nun einen Verlauf der Lichttaufe vorschlagen, an dem ihr euch orientieren oder den ihr ganz übernehmen könnt.

Vorbereitung für die Lichttaufe

- Auswahl von zwei oder drei Liedern.
- Eine Taufkerze, am besten selbst basteln oder von einem Lichtpaten/-in, Lichtonkel oder Lichttante oder Lichtschwester oder Lichtbruder basteln lassen.
- Einen Blumen- oder Myrtenkranz selbst binden oder binden lassen.
- Genügend Teelichter in schönen Teelichtbehältern für alle.
- Wünsche der Lichttanten/-onkel, Lichtschwestern, Lichtbrüder, Lichtpaten/Lichtpatinnen jeweils zweimal

ausdrucken und vorher an die jeweiligen Personen verteilen. Dabei ist ein Blatt zum Ablesen der Wünsche gedacht, das andere wird vorher zusammengerollt und später in die Taufschachtel gelegt.

- Eine schöne Schachtel (Taufschachtel) für das Kind/ Baby, das getauft wird.

Verlauf der Lichttaufe

1. Alle bilden einen Kreis und werden von dem Priester/ der Priesterin begrüßt. Die Mutter und ihr Kind, das getauft werden soll, befinden sich in der Mitte, wie auch ein Lichtkind, das die Taufkerze hält.
2. Kerzen und Teelichter werden nun angezündet, und alle verbinden sich mit dem Herzen.
3. Nun wird der Kreis geschlossen, indem jeder sein Teelicht in der rechten Hand hält und mit der linken die Hand von seinem Nachbarn fasst.
4. Einladung der Lichtwesen zur Lichttaufe: Heilige, Engel und die Namenspatronen der Anwesenden werden nun eingeladen, die Lichttaufe zu begleiten.
5. Erstes Lied gemeinsam singen. Dabei kann zu einem Lied gesungen werden, das ihr per CD laufen lasst, oder ihr singt ein Lied ohne Begleitmusik. Ihr könnt auch nur das Lied laufen lassen, ohne zu singen. Während des Liedes bewegen sich alle, die den Lichtkreis gebildet haben, zur Mitte hin und wieder zurück. Wenn es geht, im Takt.
6. Nach dem Lied geht die Priesterin nun zu dem Licht-

täufling und sagt: „Ich taufe dich auf den Namen: ___________ (Namen des Kindes) und segne dich im Licht Gottes/im Licht der göttlichen Quelle."

7. Myrtenkranz wird aufgesetzt oder angedeutet.
8. Nun werden die einzelnen Lichtpaten/Lichtpatinnen vorgestellt und das, wofür sie stehen (Eigenschaften). Nach jeder einzelnen Vorstellung tritt der Pate vor und trägt seine vier Wünsche für das Kind vor.
9. Nun werden die Lichttanten/Lichtonkel, Lichtschwester und Lichtbrüder vorgestellt, und jeder trägt seinen Wunsch vor.
10. Danach wird das letzte Lied angestimmt. Vorher bittet der Priester/die Priesterin, dass sich alle vorstellen mögen, wie der göttliche Strahl der Liebe auf sie strahlt und sie in ihrem Herzen erfüllt.
11. Während des Liedes kann die Mutter mit ihrem Kind von Gast zu Gast gehen oder in der Mitte mit dem Kind tanzen.

So, wir hoffen, wir konnten euch einige Anregungen geben, euer Kind auf Erden willkommen zu heißen. Es wird mit dieser Zeremonie bewusst und in Liebe in die Gemeinschaft auf Erden aufgenommen.

☆☆☆

Spirituelle Hochzeit

Bei dieser Zeremonie sollten beide Partner, egal, welchen Geschlechts, sich bewusst sein, dass sie eine Partnerschaft der Neuen Zeit eingehen. Beide sollten bereits ein Stück auf dem Weg ihres Herzens zurückgelegt haben, um für diese Zusammenführung bereit zu sein. Eine Verbindung und Verschmelzung hat meistens schon vor dieser Zeremonie stattgefunden. Es geht um ein bewusstes Aussprechen, den Weg des Herzens und der Liebe gemeinsam zu gehen. Das Besondere an der Partnerschaft der Neuen Zeit ist das bewusste Leben und Zusammenleben. Jeder Partner ist bereit, sich weiter zu entwickeln und zu wachsen. Es bestehen keine Erwartungen oder Bedingungen an den anderen Partner, beide sind frei in ihrem Sein. Dies bedeutet nicht, einen Freifahrtschein oder eine offizielle Erlaubnis für andere Beziehungen oder Verhältnisse auf sexueller Ebene zu haben. Es kann sein, dass es Begegnungen gibt, die wichtig sind für das Heil- und Ganzwerden eines jeden, aber auch in der neuen Partnerschaft kommt es auf Vertrauen und Achtung an. Freiheit heißt nicht, dass jeder tun und lassen kann, was er will, sondern eine Gemeinschaft, in der die eigene Berufung und ein harmonisches Miteinander im Gleichgewicht sind.

Eine spirituelle Hochzeit kann an jedem Ort durchgeführt werden, der frei von niedrigen Energien oder alten Strukturen ist. Am Meer, in den Bergen, auf dem Land, am See, in der freien Natur. Bittet einen Lichtarbeiter/eine

Lichtarbeiterin, dem/der ihr vertrauen könnt, die Zeremonie eurer Hochzeit durchzuführen. Lichtarbeiter, die dafür geeignet sind, sind inkarnierte Engel und Priester/Priesterinnen, oder die Seelen, die dazu berufen sind. Besprecht mit ihr/ihm den Vorgang und bringt eure Ideen ein, die ihr durchbekommen habt. Achtet darauf, dass ihr kein Versprechen abgebt, sondern Worte und Sätze durch euch fließen lasst, die für euch wichtige Dinge symbolisieren. Keine Versprechen wie: „Bis dass der Tod uns scheidet" oder Ähnliches. Bekräftigt nur, dass ihr euer Bestes gebt, um die Liebe fließen zu lassen. Sprecht die Achtung und die Liebe für euren Partner aus und bittet ihn um Verständnis, wenn das Ego mal wieder Oberhand über euch gewinnen sollte, wenn alte Wunden noch nicht geheilt sind. Sprecht eurem Partner gegenüber die Bereitschaft aus, an euch zu arbeiten, um zu wachsen. Ehrlichkeit, Liebe, Vertrauen und Freiheit in eurem Sein sind die Pfeiler eurer neuen Partnerschaft. Wählt eure Worte gut und versprecht nichts, denn die Energie der Versprechen wird in eure nächsten Leben mitgenommen. Folgt eurem Herzen und setzt eure Ideen um, damit ihr die Hochzeit erlebt, die euer Sein beflügelt und eure Liebe stärkt. Wählt bestimmte Blumen und Pflanzen aus. Achtet auf die Speisen für eure Feier. Gibt es bestimmte Farben, die erstrahlen sollen? Dies alles sind Dinge, die euer Fest zu eurem eigenen werden lassen. Ladet nur die Menschen ein, die euch wohlgesonnen sind und die ihr mögt, denn alle Energien werden zusammenkommen und eine neue bilden. Niedrig schwingende Energien können diese wundervolle

Symphonie der Liebe stören und die Zeremonie beeinflussen. Hört auf euer Herz und seid mutig, denn es soll ein Erlebnis der Ewigkeit eures jetzigen Lebens werden. Wir vertrauen euch.

Danke.
Erzengel Chamuel

☆☆☆☆☆

Lichtkinder

Liebe Seelen auf Erden,

seit einigen Jahren kommen Seelen auf euren Planeten, die eine höhere Schwingung in sich haben. Die Zeit der Inkarnationen von Indigos ist nun vorbei. Kristallkinder sind die Kinder der neuen Generation. Ihre Seele ist bereits auf einer höheren Entwicklungsstufe, und ihr Herz strahlt reine Liebe aus. Es gibt verschiedene Lichtkinder aus der Ebene der Kristallenergie. Diese können unter anderem Einhornkinder, Regenbogenkinder, Kinder der diamantenen Energie, Delfinkinder und Kinder der heiligen Rose Marias sein. Die Unterschiede der verschiedenen Zuordnungen sind minimal. Auch gibt es Kinder, die mehrere Anteile in sich tragen. Ein Delfinkind kann zum Beispiel Anteile eines Einhorns in sich tragen. Alle strahlen die reine göttliche Liebe aus, und sie haben eine andere Art und Weise zu sehen, sei es auf der realen, der energetischen oder der seelischen Ebene. Viele Kinder heilen bereits im Babyalter ihre Mitmenschen. Sie sind sehr empfindsam, wahrnehmungsfähig und durchsetzungsfreudig. Sie besitzen eine neue DNA und sind nicht mehr so anfällig für Krankheiten. Voraussetzung ist, dass sie nicht anderweitig beeinflusst werden, wie zum Beispiel durch Impfungen, alte Erziehungsregeln oder niedrig schwingende Umgebung. Sie sind sehr sensibel und brauchen die Möglichkeit des Rückzugs, um neu Erfahrenes und Erlebtes zu begreifen und einzuordnen. Auch benötigen sie ein sicheres Zuhause mit viel Liebe, Wärme und Freude, damit sie sich frei entfalten und wachsen können. Sind sie doch einmal krank, benötigen sie sehr viel Ruhe. Kontakte mit Menschen, die nicht zum engsten Familienkreise gehören oder niedrig schwingen, können die Krankheit verschlimmern.

Viele Kinder der Neuen Zeit können mit den Spielen, die für ihr Alter vorgesehen sind, nichts anfangen. Sie verstehen nicht, warum sie runde Bausteine durch runde Löcher und eckige Baustein durch eckige geben sollen. Sie machen das einmal und wissen dann, wie es geht, das reicht ihnen. Ihnen ist die Zeit zu schade, sich mit diesen „Baby"-Spielen zu beschäftigen, könnten sie doch in dieser Zeit das Leben lernen oder wichtige Informationen erfahren und Neues entdecken.

Befinden sich Lichtkinder zu lange in niedrig schwingender Umgebung, möchten sie meistens gehen, was nicht als Durchsetzung des eigenen Willens oder Kampf um Macht gegenüber den Eltern zu sehen ist, sondern als Zeichen dafür, dass sich ihre Schwingung bald den niederen anpassen wird. Dadurch werden sie anfälliger für Krankheiten und angreifbarer gegenüber anderen Energien. Lichtkinder haben eine sehr feine und ausgeprägte Intuition wie auch eine besondere Hellsicht und Wahrnehmung, die sich schon sehr früh zeigt. Sie können Gefahr wittern und „ihre" Menschen davor bewahren. Hört auf ihre Zeichen, die oft mit Quengeln oder Jammern verwechselt werden. Besonders schwierig ist es, dieses zu erkennen, wenn sie noch nicht sprechen können. Lernt die Unterscheidung zwischen echtem Quengeln und den Hinweisen oder Zeichen auf etwas Wichtiges. Handelt nach ihrer Intuition, auch wenn ihr vielleicht von anderen dafür belächelt werdet oder ihr euch anhören müsst, dass ihr nach dem Willen eures Kindes lebt. Ihr entscheidet, wann ihr den Zeichen eurer Kinder folgt, denn es können Situationen auftauchen, in denen es um euer Leben geht. Achtet besonders beim Autofahren (zum Beispiel langsamer fahren, einen anderen Weg nehmen) oder anderen Unternehmungen, also wenn ihr euch aus dem sicheren Zuhause begebt, auf die Zeichen eurer Kinder.

☆☆☆

Einhornkinder

Einhornkinder haben die Fähigkeit, mit ihrer Seele die Energie der Einhörner in ihre Welt fließen zu lassen. Sie sind sehr willensstark und lassen sich in nichts hereinreden. Von der ersten Sekunde an, wenn sie auf Erden kommen, wissen sie, was sie wollen, und setzen das auch durch. Oft werden die Eltern dann an ihre Grenzen gebracht, weil sie nicht so funktionieren, wie es von den Kindern gewünscht wird. Einhornkinder haben strahlende Augen, die wie Kristalle funkeln. Sie können den Menschen in die Seele schauen und tun das auch. Sie scannen ihre Mitmenschen ab, um herauszufinden, ob dieser Mensch reinen Herzens ist. Ist er es, wird ihm zugelächelt, wenn nicht, bleiben sie ernst und verziehen keine Miene.

Einhornkinder lieben die Freiheit, und es gefällt ihnen, nach ihrem eigenen Willen die Welt zu erkunden. Sie sind meistens keine Kuschelkinder, da sie sich in ihrem Sein zu sehr eingeengt fühlen würden, das kann aber von Seele zu Seele unterschiedlich sein. Jedoch brauchen sie die Nähe der Mutter oder des Vaters, um sich in einer fremden Umgebung sicher zu fühlen. Der Blick zu der Mutter/zu dem Vater reicht dann meistens, um zu wissen, dass sie beschützt sind. Sie haben einen starken Freiheitsdrang und möchten vieles in kurzer Zeit erlernen, damit sie so schnell wie möglich selbstständig sind. Dies ist für manche Mütter etwas gewöhnungsbedürftig, da sie diese Kinder nicht so umsorgen können, wie sie es gerne hätten. Einhornkinder sind trotz ihres starken Willens sehr liebevoll und mitfühlend, wie alle Kristallkinder. Sie werden jeweils von einem Einhornfohlen begleitet. Es ist ein Leben lang bei ihnen und wächst mit ihnen auf. Nachts liegt es im Kinderzimmer und schläft neben dem Kind. Sie haben eine sehr starke Verbindung zu Lemurien und Avalon. Während der Schwangerschaft wird die Mutter bemerken, dass sie mehr Vertrauen hat als sonst. Dieses Urvertrauen strahlt ihr Kind aus und geht auf sie über.

☆☆☆

Kinder der diamanten Energie

Kinder der diamantenen Energie tragen die göttliche Diamantenergie in sich. Sie haben sehr viele spirituelle Fähigkeiten und agieren aus einer höheren Ebene. Sie können vieles vom Blickwinkel des Großen Ganzen sehen, Zusammenhänge und Situationen erkennen, Oben wie Unten miteinander verbinden. Kommen sie in eine neue Familie, werden die Strukturen aufgelöst und in der Neuen Energie neu geordnet. Dies kann für die Familienmitglieder sehr heftig sein. Jedoch werden sie nie die Veränderungen bewusst mit dem Kristallkind in Verbindung bringen, außer das Kind entscheidet sich für eine Krankheit, die die ganze Familie in Transformation bringt.

Kinder der diamantenen Energie sind ausgeglichen und friedlich. Sie strahlen Ruhe, Harmonie und Vertrauen aus. Sie haben heilerische Fähigkeiten wie alle Lichtkinder und arbeiten viel mit ihrer Seele auf Seelenebene. Sie haben eine einzigartige Hellsicht, strahlen sehr viel Mitgefühl aus und verstehen die Menschen, obwohl sie ihr Verhalten nicht nachvollziehen und einordnen können. Sie sehen die Wahrhaftigkeit der Seele und erkennen, in welche Illusionen sich die Menschen verstrickt haben. Ihre Aura ist diamantgrün, und ihre Augen glitzern wie Smaragde. Sie haben eine sehr starke Verbindung zur göttlichen Herzensliebe und zu ihrem Herzchakra. Sie strahlen die allumfassende Liebe und das göttliche Mitgefühl und Verständnis aus, denn sie sehen alles von einer höheren

Warte aus. Sie segnen gerne. Auch den Heiligen stehen sie sehr nahe. Die Kinder der heiligen Rose Marias sind ihnen ähnlich, aber der heiligen Mutter Maria noch mehr zu getan.

☆☆☆

Delfinkinder

Delfinkinder sind sehr quirlig und lebhaft. Sie lieben es, wenn alle Familienmitglieder versammelt und sie in Ihrer sicheren Umgebung sind. Sie haben eine sehr starke Verbindung zu Atlantis und zu den Sternen, wie auch zum alten Ägypten und zu Griechenland. Ihre Neugierde und Wissbegierde fordert von ihren Eltern und Mitmenschen die Bereitschaft, alles in Ruhe zu erklären, auch wenn sie es immer wieder von Neuem hören wollen. Sie haben ein großes Interesse, so viel wie möglich in kurzer Zeit zu erfahren und zu lernen. Spielzeug, ihrem Alter entsprechend, langweilt sie, und sie sehen auch nicht den Sinn darin. Sie sind sehr intelligent, und ihr solltet ihnen die Möglichkeit geben, Neues zu erfahren und zu entdecken.

Haben werdende Mütter ständig das Bedürfnis, zu duschen, zu baden oder schwimmen zu gehen, ist dies ein Zeichen dafür, dass sie ein Delfinkind in sich tragen. Beide, Mutter und Kind, brauchen die Energie und die Kraft des Wassers.

Wir danken euch für eure Offenheit.
Die Engel Marias

☆☆☆☆☆

Elementar- und Lichtwesen

Elementarwesen

Liebe Menschen auf Erden,

wir freuen uns sehr, dass wir auserwählt wurden, der Erde und ihren Bewohnern zu dienen. Wir sind dazu berufen, dem Erdreich, den Elementen, den Pflanzen, den Tieren und den Menschen zu helfen. Wir bewegen uns auf mehreren Ebenen und versuchen so, unsere Aufgabe auf Erden zu erfüllen. Mancherorts ist die Schwingung bereits erhöht worden, sei es durch die kosmischen Einstrahlungen, die Transformation der Erde oder die Heilungsarbeit von euch Menschen. Es gibt bei euch viele Seelen, die um unsere Existenz wissen und uns in ihr Leben mit einbeziehen. Wenn wir mit euch arbeiten, lassen wir Gärten erblühen. Dafür bedarf es aber eines bestimmten Grads der Entwicklung in eurem Bewusstsein und eurer Spiritualität. Noch mehr bitten wir euch, uns zu verstehen, mit uns zu kommunizieren und zu arbeiten. Nicht immer werdet ihr deutliche Zeichen von uns erhalten, was zu tun ist. Impulse und Gedanken, die euer Sein durchkreuzen, werden euch anleiten, das Richtige zu tun. Vertraut mehr euren inspirierenden und plötzlichen Gedanken, die eurem Herzen und eurer Seele entspringen, sie weisen euch die nächsten Schritte.

Wir bitten euch, auch weiterhin darauf zu achten, in Liebe und Achtsamkeit eure Gärten zu hegen und zu pflegen. Bezieht uns mit ein. Wir helfen euch und geben euch

Hinweise, wo ihr etwas anpflanzen könnt, damit es optimal gedeiht. Wir lieben süßes Wasser, Honig und Marmelade. Gerne könnt ihr einen Platz für uns einrichten, an dem wir uns erholen und laben können. Dies würde uns sehr helfen, euch weiter mit voller Kraft in eurer Heilung zu unterstützen. Ein gesunder Garten deutet auf eine gesunde Seele des Besitzers hin. Zusammenarbeit auf mehreren Ebene wird es in Zukunft immer mehr geben, denn es ist wichtig für alle, aufeinander einzugehen und miteinander Großes zu schaffen. Wir versuchen seit langer Zeit, euch auf unsere Existenz hinzuweisen, jedoch nur einige Heilige, wie der Hl. Franz von Assisi und Teresa von Avila oder Yogis, wie Yogananda, und andere Meister und Meisterinnen, konnten uns sehen. Auch der Heilige Antonius war uns sehr zugetan. Wir danken auch den Gründern von Findhorn, denn sie haben es wahr gemacht: „die Bestätigung unseres Seins auf Erden." Die einzigen Wesen, die uns immer gesehen und/oder gefühlt haben, waren eure Kinder. Leider wurde nur wenigen erlaubt, weiter an uns zu glauben, und so verloren sie mit der Zeit diese Gabe der Hellsicht. Nehmt eure Kinder ernst, wenn sie auf uns zeigen und von uns erzählen, denn sie sind die Vermittler unserer Energie. Sie sind das Bindeglied von uns zu euch Erwachsenen. Hört auf eure Kinder, denn sie tragen die Wahrheit in sich, die reine Seele und ihr Wissen.

Wir danken euch für eure Mithilfe.
Die Elfen der Blumen

Kobolde

Liebe Menschen,

lasst das Lachen wieder in euer Leben. Nehmt nicht alles so ernst und vergesst nicht, dass viele von uns bei euch wohnen. Wir werden geboren, wenn ein Kind zur Welt kommt. Wir werden in der Kette der Verwandtschaft weitergegeben. Ihr würdet sagen: Ihr erbt die Kobolde der Vorfahren. Es liegt uns besonders am Herzen, dass ihr uns und unsere Arbeit ernst nehmt und akzeptiert. Wir leben und existieren wirklich. Wenn ihr schlechte Laune habt oder niedergeschlagen seid, versuchen wir durch unser Sein, euch aufzuheitern, was leider von euch Menschen oft missverstanden wird. Denn manchmal werfen wir Dinge herunter oder verstecken sie, weil wir denken, euch damit aus eurer niedrig schwingenden Starre herauslösen zu können. Aber dadurch machen wir euch meistens noch wütender. Bemerkt ihr in Zukunft unser Tun, dann haltet inne, lauscht eurem Sein und dem Lachen aus eurem Herzen und eurer Seele. Wenn wir Dinge verstecken, umwerfen oder herunterfallen lassen, kann es auch bedeuten, dass wir uns vernachlässigt fühlen, weil wir keine Aufmerksamkeit mehr von euch bekommen. Wir fühlen uns vergessen. Erinnert euch beim nächsten Mal daran und werdet euch unseres Daseins wieder bewusst.

Bei Menschen, die viele Witze machen oder wahre Komik und reinen Humor in sich haben, könnt ihr sicher sein, dass wir zahlreich vertreten sind. Durch lustige Einfälle,

Gedanken und Ideen helfen wir den Menschen, Freude in ihr eigenes und in das Leben anderer zu bringen. Sie fungieren als Kanal und Vermittler unserer lustigen Lebensart, damit eure Ernsthaftigkeit etwas aufgelockert wird und an Schwere verliert. Leichtigkeit und Freude sollen in eurem Leben wieder Einzug halten.

Es gibt Menschen, die mehr den Elfen, Feen oder anderen Lichtwesen angehören. Menschen, die viele Kobolde haben, sind sehr lustig und spontan in ihren Aussagen. Sie reden, bevor sie denken, und haben oft den Schalk im Nacken, wie ihr so schön sagt. Achtet einmal auf eure Mitmenschen: Nach einiger Zeit des Zusammenseins könnt ihr bereits erahnen, welchem Lichtwesenstamm sie am ehesten zugehörig sind. Die meisten Menschen haben mehrere verschiedene Lichtwesen um sich, dennoch herrschen bestimmte Lichtwesen einer Art vor.

Wir bedanken uns für eure Aufmerksamkeit.
Der Hohe Rat der Kobolde

☆☆☆

Feen

Liebe Menschen,

wir kommen heute zu euch, weil wir uns bei euch bedanken möchten. Wir, die Feen, sind die Elementarwesen, an die ihr seit jeher geglaubt habt. Auch wenn uns manch Böses nachgesagt wird, habt ihr wenigstens den Glauben an die Feen der Wünsche nie verloren. Wir möchten euch dennoch darüber aufklären, wie es zu diesen unschönen Geschichten und Gerüchten über uns in der Vergangenheit kam.

Wir richten uns nach eurem Sein und sind sehr wandlungsfähig. Wenn ihr uns böse Taten zusprecht, werden wir auch böse Taten folgen lassen. Es waren die Schatten eurer Vergangenheit, die euch einholten, nicht wir. Das, was ihr ausgesendet hattet, haben wir euch damals zurückgesandt. Es war euer Tun, das „böse" Taten verursacht hat, nicht unseres. Dies geschah in früheren Zeiten, die nicht im heute liegen. Doch es ist wichtig für euch zu wissen, dass wir euch immer das sandten, was ihr zu uns geschickt hattet. Unsere Aufgabe war es und ist es auch heute noch, eure Gedanken, Ideen, Wünsche, Visionen zu erfüllen, gute wie schlechte. Wir haben die Aufgabe, nicht nur die Natur vor dem Untergang zu retten, sondern auch euch Menschen die Augen zu öffnen, und das tun wir nach den kosmischen Regeln des Universums. Jetzt lebt ihr mit einem neuen Bewusstsein und könnt danach handeln.

Im Einklang mit den Elementen und der Natur zu leben, ist wichtig für euer Sein und eure Zukunft. Trainiert eure Wahrnehmungsfähigkeit, damit ihr schnell erkennen könnt, welche Energien herrschen, die durch euch oder andere ausgelöst wurden. Werdet wacher und lernt zu unterscheiden zwischen kosmisch einströmenden Energien, den Energien des Massenbewusstseins der Dritten Dimension, euren eigenen, den Energien anderer und denen des Herznetzes auf Erden. So bleibt ihr klar und in eurer Mitte.

Am Wetter der Erde könnt ihr euch orientieren. An ihm könnt ihr erkennen, welche Energien die Erde braucht, um zu heilen. Wir sind hauptsächlich den Bäumen, Kristallen und Meerespflanzen zugeordnet. Auch den Kindern und Jugendlichen helfen wir gerne. Ruft uns, wenn ihr Hilfe bei der Heilung der Bäume, der kristallinen Erdreiche und der Meere braucht. Wir kommen zu euch.

Eure Kinder haben die Gabe, uns zu sehen, und die Fähigkeit, mit uns zu kommunizieren. Oft können sie nicht unterscheiden, ob wir Engel oder wirklich Feen sind. Wir zeigen uns in der Form, die ein Kind sich wünscht, um mit uns zu kommunizieren. Wir sind in unserer Energieform etwas größer als die Elfen, können uns aber in kleine Energieformen aufteilen, sodass wir eine besondere heilende Wirkung in unserem Umfeld erzielen.

Wir bitten euch, den Glauben an uns zu bewahren und ihn an eure Kinder weiterzugeben, denn nur so können wir weiter existieren und uns vermehren. Jedes Kind, das an uns glaubt, lässt eine junge Fee heranwachsen. Wir danken euch.

In lichter Feenenergie,
die Feen aus Avalon

☆☆☆

Devas

Liebe Menschen,

wir Lichtwesen werden bei euch Devas genannt. Wir herrschen über die Elemente und über größere Gebiete auf Erden. Wir sind die Wächter der Elementarwesen der Natur und der Erde. Wir bitten die Seelen auf Erden, die dazu berufen wurden, uns zu helfen, ihre Aufgabe zu erfüllen. Viele werden bereits wissen, dass es ihre Berufung ist, uns bei der Heilung des Planeten zu unterstützen. Die Harmonisierung der Elemente, der Natur und der Erde steht zurzeit an erster Stelle unserer Heilungsarbeit.

Zur Harmonisierung gehören:

- Reinigung von Altem.
- Reinigung von aktuellen energetischen und „realen“ Verschmutzungen.
- Wiederherstellung des Gleichgewichts zwischen Tier, Mensch und Natur.
- Die bewusste Achtsamkeit gegenüber jedem Lebewesen auf Erden.
- Die Achtsamkeit zu den verschiedenen Erdreichen.
- Veränderung der inneren Haltung zu Ernte und Produktion von Lebensmitteln.

Einige von euch sind dazu berufen, mit dem Element Luft zu arbeiten, andere mit dem Element Wasser. Vereinigt euch und schafft einen Kreis des gleichwertigen Handelns. Jeder folgt seiner Berufung, und ihr werdet reichlich dafür belohnt. Folgt euren Impulsen, reinigt und energetisiert die Erdreiche und die Elemente. Helft dem Geist des Windes und dankt ihm für seine Arbeit. Helft den lichten Wesen des Regens und des Wassers und dankt ihnen für ihre Arbeit. Dieses Tun gilt für alle Wesen der Elemente. Noch haben wir nur zu wenigen Menschen Kontakt, da wir auf einer Ebene leben, die nur für wenige erreichbar ist. Aber es werden immer mehr Seelen zu uns kommen, um an der Heilung des Planeten Erde mitzuwirken.

Wir danken euch für euren Mut und für euer Sein.
Die Devas des Schwarzwalds

☆☆☆

Geschenke für die Elementarwesen

Liebe Seelen der Erde,

wir möchten euch bitten, die Elementarwesen mehr zu achten und zu ehren.

Elementarwesen tun ihre Arbeit, und sie würden sich sehr darüber freuen, wenn sie ab und an kleine Geschenke von ihren Menschen erhalten würden. Dies gilt für Elementarwesen, die in euren Häusern leben, wie auch für die „freien" Wesen in der Natur und die lichten Wesen der Elemente. Je nach Typ „besitzt" ein Mensch mehr Elfen oder Kobolde. Es kommt auf sein Wesen an. Wir möchten euch einige Tipps geben, was ihr ihnen Gutes tun könnt.

Kobolde

Kobolde mögen gerne:

- Richtet einen speziellen Platz für Kobolde ein. Er sollte vom Boden gut erreichbar sein und nicht unmittelbar neben einem Altar für andere Lichtwesen stehen. Legt glitzernde Gegenstände wie Broschen, Kristalle, alte Schneckenhäuser, Krimskrams und alles, was funkelt, dorthin. Hört auf eure Intuition. Oft teilen euch die Kobolde mit, was ihnen gefällt und sie haben möchten.
- Süße Schokolade (keine Bitterschokolade). Am besten legt ihr einige Schokoladenstückchen auf einen kleinen Teller an ihren Platz.

- Lustiges Beisammensein von Menschen.
- Witze, Späße,
- Kinder,
- bunte Farben,
- bunte Kleidung,
- Volksmusik,
- Seifenblasen,
- Engel,
- zauberhafte Geschichten von der Erde und den Menschen.
- Spazierengehen im Wald, dann treffen sie sich gerne mit anderen Kobolden aus der Natur. Sie werden aber nicht weglaufen, sondern immer in eurer Nähe bleiben.
- Unordnung bis hin zum Chaos.
- Kreativität und kreatives Chaos.

Was und wen sie nicht mögen:

- Wenn ihre Menschen zu ernst sind und den Spaß am Leben vergessen.
- Zwerge,
- Katzen, aber nur manche,
- in der Regel Wasser,
- zu laute Musik,
- zu viele Reisen,
- Reisen auf/mit einem Boot.
- Ordnung, denn wenn alles immer und zu jeder Zeit blitzblank geputzt wird, erinnert sie das zu sehr an die Zwerge.

Erhalten Kobolde nicht regelmäßig Schokolade, kann es sein, dass sie anfangen, wichtige Gegenstände zu verstecken oder verschwinden zu lassen. Auch werfen sie gerne etwas zu Boden, um eure Aufmerksamkeit auf sich zu ziehen. Lasst Schokolade nie offen und unbeaufsichtigt liegen, denn Kobolde werden sich darauf stürzen und sie verspeisen. Ob sie wirklich von eurer Schokolade gegessen haben, könnt ihr testen, indem ihr ein Stückchen Schokolade nach einiger Zeit kostet. Waren die Kobolde an der Schokolade, könnt ihr keine Süße mehr in der Schokolade schmecken.

Kobolde möchten, dass es ihren Menschen gut geht. Oft versuchen sie, durch Aktionen wie Verstecken von Gegenständen die Menschen in ihrem Egodasein wachzurütteln. Auch wenn sich die Menschen traurig fühlen, geben die Kobolde ihr Bestes, was bei ihren Menschen oft nicht gut ankommt, weil sie Dinge suchen müssen, die die Kobolde versteckt haben. Aber die Kobolde meinen es nur gut. Lichtarbeiter, die viele Kobolde um sich haben, sollten einen Kompromiss mit ihnen schließen. Kobolde möchten andauernd mitreden und auch den Spaß in fast jedes Gespräch bringen. Es ist aber oft unpassend, zum Beispiel während einer Behandlung oder eines Channelings. Sie reden in euren Kanal hinein, und so ist es schwierig, bei dem andauernden Reingerede reine Informationen zu erhalten. Trefft eine Vereinbarung mit den Kobolden, dass sie während eurer Arbeit nicht reinreden dürfen, ihr ihnen aber sonst Aufmerksamkeit zusichert.

Kobolde möchten wahrgenommen werden, sonst verkümmern und leiden sie. Aktiviert und belebt wieder eure Kobolde, sofern welche bei euch wohnen, und fangt als Erstes damit an, mit ihnen zu reden und sie mit Schokolade zu versorgen. Menschen, die einen angeborenen Humor haben, haben meistens viele Kobolde um sich. Kobolde können bei Geburten von Kindern neu geboren werden und von Generation zu Generation weitergegeben beziehungsweise vererbt werden.

☆☆☆

Elfen

Elfen mögen gerne:

- Filigrane Dinge, zum Beispiel kleine funkelnde Kristalle.
- Marmelade.
- Ihr könnt den Elfen in eurem Zuhause auch einen persönlichen Platz einrichten. Dieser sollte in der Nähe von Pflanzen sein. Vielleicht schenkt ihr den Elfen sogar eine eigene Pflanze.
- Elfen aus Märchenwolle/Filz,
- Elfenfiguren,
- Pastellfarben,
- Seifenblasen,
- Glitzer,
- Mozart.
- Naturgeräusche wie Vogelgezwitscher oder Regen. Ihr könnt eine CD mit Naturgeräuschen für sie abspielen.
- Tiere,
- Kinder,
- Feen und Engel,
- Einhörner,
- Sonnenstrahlen,
- Prinzessinnengeschichten, zum Beispiel Cinderella,
- Zeichentrickfilme, die von Elfen, Feen und Einhörnern handeln,
- reine Freude und Lachen,
- wenn sich Menschen aus reinem Herzen lieben.

Elfen können helfen, Herzenswünsche zu erfüllen. Schreibt eure Wünsche auf einen kleinen Zettel, legt ihn mit einer Rose auf den Elfenplatz und bittet sie um Hilfe.

Elfen mögen nicht:

- Streit,
- Leid und Kummer,
- Dunkelheit,
- Missachtung ihres Seins und ihrer Existenz,
- Käse.

Elfen können das Leid der Menschen zwar nicht fühlen, ertragen es aber dennoch nicht, und sind immer darum bemüht, ihnen zu helfen, das Leid loszuwerden.

☆☆☆

Zwerge

Es kommt nicht sehr oft vor, dass Zwerge bei den Menschen wohnen. Ihr könnt euch einen Zwerg zum Beispiel zur Unterstützung im Haushalt, für die Ordnung im Haus/Büro oder Ähnliches wünschen.

Richtet dazu einen kleinen Platz ein und stellt eine Blume, keine Schnittblume, dazu. Zwerge mögen reine ursprüngliche Farben wie Rot, Grün und Gelb. Bittet bei eurem Schutzengel um einen Zwerg, in Ausnahmefällen auch um zwei oder drei Zwerge, und ihr werdet für einen gewissen Zeitraum zwergenhaften Besuch erhalten.

Zwerge mögen:

- Ordnung in Haus und Garten,
- Zielgerichtetheit,
- gute Organisation,
- klare Strukturen,
- Wald und die Natur,
- Familienfeste, die harmonisch verlaufen,
- mit dem Element Erde arbeiten,
- im Garten und im Wald arbeiten.
- Sie singen gerne im Chor während der Arbeit.
- Zusammenkünfte, um weiteres zu besprechen.

Zwerge mögen nicht:

- Kobolde,
- Unordnung,

- Firlefanz,
- oberflächliches Gerede,
- Besprechungen ohne erzielte Ergebnisse,
- Unzuverlässigkeit,
- Unpünktlichkeit,
- Unehrlichkeit,
- Wasser in Form von schnellen Strömungen im Fluss.

☆☆☆

Feen

Feen sind größer als Elfen. Sie können bis zu zwei Meter und größer werden. In der Regel sind sie um die 1,50 m groß. Sie tragen fließende Gewänder und haben die Aufgabe, sich um bestimmte Gebiete der Erde zu kümmern. Aber sie schauen auch auf die Elfen, dass es ihnen gut geht, damit sie ihre Arbeit gut verrichten können. Es gibt auch Feen, die den Elementen zugeordnet sind, zum Beispiel die Luftfee, die Erdenfee und solche, die Elfen unter sich haben, zum Beispiel die Feuerelfe. Auch die Feen können die Menschen auf ihrem Weg begleiten, doch sind sie nicht so zahlreich vertreten wie Elfen und Kobolde. Feen sind in einer höheren Schwingung und besuchen die Menschen in bestimmten Phasen ihres Lebens. In den letzten Jahrhunderten haben sie leider einen schlechten Ruf bekommen. Sie waren jedoch nur um das Wohl der Menschen, der Tiere und der Natur bemüht, und sind es auch heute noch. Feen sind die einzigen Elementarwesen, die die Gefühle der Menschen nachempfinden können, weswegen sie sehr abgeneigt sind gegenüber Menschen, die noch in den Strukturen der niederen Macht, Gier, Neid und Eifersucht verstrickt sind.

Feen mögen:

- alle Farben,
- fließende Gewänder,
- sakrale Musik und Musik mit Sphärenklang,
- klassische Musik, wie zum Beispiel die „Nussknacker-Suite" von Tschaikowsky,

- die Märchen „Brüderchen und Schwesterchen“, „Dornröschen“ und „Cinderella“.
- Sie sind den Rehen sehr nahe.
- Nüsse. Ihr könnt zum Beispiel bei einem Waldspaziergang Nüsse verteilen.
- Kinder und werdende Mütter.

Feen mögen nicht:

- Musik mit verwirrenden Energien,
- gedankenloses Handeln,
- Kakteen,
- Flugzeuge, Autos und Motorräder,
- trotzige Kinder,
- egoistische Menschen,
- die Energien von Macht, Gier, Neid und Eifersucht,
- unklares und niedrig schwingendes Wasser.

Wir danken euch, dass ihr euch die Zeit genommen habt, uns zuzuhören. Wir überlassen es euch, ob ihr diese oder andere Informationen verwendet, um die Elementarwesen in ihrer Arbeit zu achten, zu ehren und zu unterstützen.

Lichtvolles Sein wünschen wir euch.
Die Engel der Elementarwesen

☆☆☆

Priesterinnen aus Avalon

Liebe Seelen des Lichts in den Dimensionen der Erde,

viel habt ihr bist jetzt in euren Leben auf Erden erleben müssen. Ihr wart so mutig und habt immer die Chance auf eine neue Inkarnation auf Erden wahrgenommen. Wir kennen dieses Spiel und sind dankbar, dass wir auch auf Erden verweilen dürfen. Zurzeit gibt es verschiedene Dimensionen auf dem Planeten Erde. Wir kommen aus der Achten Dimension und freuen uns sehr darüber, dass sich der Nebel unserer Reiche langsam hebt. Wir leben hier in Frieden und können unserer Spiritualität und unserem Glauben frei nachgehen. Es war auch für uns schwer, diesen Schritt zu gehen. Aber damals, als wir noch in einer niedrigeren Schwingung waren, in der ein direkter Kontakt mit euch Menschen möglich war, mussten wir eine wichtige Entscheidung treffen: Entweder wir gehen auf Erden unter und verlieren uns in der Unendlichkeit des Universums, oder wir erhöhen unsere Schwingung und existieren auf einer höheren Ebene weiter. Wir haben uns für den Übergang in eine höhere Dimension entschieden.

Wir sind sehr glücklich darüber, dass immer mehr Lichtarbeiter Kontakt mit uns aufnehmen, und möchten euch unser Wissen gerne mitteilen. Wir können euch aber nur so viel weitergeben, wie es für euch gut ist. Noch wäre das komplette avalonische Wissen zu viel für euch. Das war schon so zu Zeiten Camelots und ist es auch heute noch.

Schafft einen imaginären Steinkreis in eurer Meditation oder einen realen in eurem Garten, in eurem Haus/eurer Wohnung und begebt euch in seine Mitte. Zündet regelmäßig Kerzen um diesen Kreis an. Ihr könnt euch setzen oder stehen bleiben. Hebt die Arme zum Himmel, mit den Handflächen nach oben, und bittet um die göttliche Anbindung zur Quelle und zu Mutter Erde. Atmet die Liebe, die euch gesendet wird, in euer Herz und strahlt diese wundervolle Energie mit eurem Ausatmen hinaus in den Steinkreis. Tut dies fünfmal, kommt danach wieder in das Zentrum eures Seins, bittet um den Kontakt mit uns, und wir werden erscheinen. Ihr könnt nun selbst entscheiden, was ihr möchtet. Ihr könnt uns Fragen stellen, die wir euch, so weit es uns erlaubt ist, beantworten. Wir können auch Heilenergien aus unserem Reich, Avalon, senden oder einen Kontakt zu den Elfen und Feen, die bei uns wohnen, herstellen. Auch können wir eure Seelenanteile der Priesterin heilen und aktivieren. Spürt die Energien, die wir euch senden. Vielleicht geben wir euch auch Zeichen durch, die für euch momentan wichtig sind. Es sind sehr hoch schwingende Heilzeichen aus Avalon. Vieles können wir miteinander vollbringen, wenn ihr dazu bereit seid. Wir würden uns sehr freuen, wenn ihr uns wieder in eure Mitte lasst, damit wir zusammen die Schwingung der Erde erhöhen können. Irgendwann, wenn sich unsere Frequenzen einen, werden wir uns wahrlich gegenüberstehen.

Wir danken euch für euer wundervolles Sein und euren Mut.

Die Priesterinnen von Avalon

Einhörner

Wunderbare Seelen,

wir laden euch ein, uns zuzuhören. Wir sind von weit her gekommen und freuen uns umso mehr, dass wir nun mit euch Kontakt aufnehmen können. Wir, die Einhörner aus Atlantis, haben die wundervolle Aufgabe, euch mitzuteilen, dass die Zeit gekommen ist, mit uns zusammenzuarbeiten. Vieles habt ihr durchlebt und erfahren müssen und seid nun in der Lage, mit uns Verbindung aufzunehmen. Wir kommen aus der Siebten Dimension und höher und sehen jetzt eine Möglichkeit, wie wir mit euch kommunizieren können. Der Schleier der Dritten Dimension hat sich bereits seit längerem gehoben, wodurch wir endlich zu euch kommen können. Eure Schwingung hat sich erhöht, und auch ihr könnt mit uns in Verbindung treten. Jedoch nur die Menschen auf Erden, die reinen Herzens sind, können uns wahrnehmen und vielleicht sogar sehen.

Wir tragen die kristalline Regenbogenenergie in uns, und unsere Aufgabe ist es unter anderem, euch diese besondere Energie näherzubringen. Wann immer ihr einen Regenbogen seht, nehmt seine Energien wahr und auf. Erblickt ihr einen Regenbogen, ist das immer ein Zeichen von uns für euch, dass ihr auf dem richtigen Weg seid. Oft taucht ein Regenbogen auf, wenn ihr auf eurem Weg Entscheidungen treffen musstet. Er bestätigt euch in eurem getroffenen Entschluss. Wir, die Einhörner, tragen die Regenbogenenergie in uns, und ihr könnt uns gerne darum bitten, sie euch zu senden, wenn ihr Heilung braucht. Die Regenbogenenergie enthält alle Farben, ähnlich wie der weiße Strahl der göttlichen Quelle. Sie trägt die Kristallenergie in sich, die die Farben zum Glitzern bringt. Die heilende Kraft des Regenbogens beziehungsweise der Regenbogenenergie hilft euch dann, wenn die herkömmlichen oder alternativen Methoden und Heilmittel nicht mehr greifen oder ihr schon zu hoch schwingend für sie seid. Auch bei Angriffen von anderen Seelen hilft die Regenbogenenergie, euch davon zu lösen.

Die neuen Kinder des Regenbogens und der Einhörner tragen die wundervollen Energien des Regenbogens bereits in sich. Sie können uns wahrnehmen oder sogar mit ihren Augen real sehen. Unterstützt sie in ihrer Hellsichtigkeit und ihrem Sein. Sie sind die Bringer des Glücks und der Liebe auf Erden. Jedes Einhornkind, jedes Kristallkind, jedes Regenbogenkind hat ein kleines Einhorn am Anfang seines Lebens zur Seite gestellt bekommen, das es auf seinem Weg ein Leben lang begleitet. Es wächst mit dem Kind. Es ist ein treuer Begleiter, der die wahre Liebe in seinem Herzen trägt.

Wir bitten euch, uns mehr in eurem Leben wahrzunehmen und mit uns zu kommunizieren. Wir helfen euch gerne. Jeder kann um einen persönlichen Begleiter von uns bitten. Ihr könnt ihm in der Meditation begegnen. Aber, wie gesagt, nur wer reinen Herzens ist, wird uns begegnen.

Wir helfen nicht nur den Menschen, sondern auch den Tieren und der Erde und ihren Pflanzen. Oft brauchen wir auch eure Hilfe, damit wir zusammen die Heilung aller unterstützen können. Fragt uns, was ihr tun könnt, und wir senden euch Zeichen.

In tiefer Liebe und Freude,
die Einhörner aus Atlantis und anderen Welten

☆☆☆

Meerjungfrauen

Liebe Menschen auf Erden,

wie lange ist es her, dass ihr an uns gedacht habt? Wann wart ihr das letzte Mal am Meer? Wir würden uns sehr freuen, wenn ihr wieder Kontakt zu uns aufnehmen würdet. Vor langer Zeit hattet ihr dies bereits getan, die Wirren der Jahrhunderte auf Erden haben euch jedoch von uns getrennt. Nun ist es Zeit, auch mit uns wieder zusammenzuarbeiten. Wir leben in den Meeren des Planeten Erde und freuen uns über jeden, der mit uns kommunizieren möchte.

Es gibt einige Seele unter euch, die inkarnierte Meerjungfrauen sind oder Anteile von uns Meerjungfrauen in sich tragen. Wir sind das Element Wasser und bemühen uns, das Wasser in seiner Energie rein und kraftvoll zu halten, damit diejenigen, die unsere heilende Kraft benötigen, zu uns kommen können. Wir lieben es, in die Nähe von euch Menschen zu schwimmen. Habt ihr die Fähigkeit der Wahrnehmung in euch, könnt ihr uns spüren, wenn wir bei euch sind. Die Delfine begleiten uns oft auf unseren Reisen, denn sie sind von besonderer Schwingung, die nicht von eurer Erde ist. Sie können nur im Meerwasser existieren, denn für die Erdoberfläche wäre ihre Schwingung zu hoch, sie würden alles sofort transformieren. Auch die Angriffe wären mehr als derzeit in den Meeren. Jedoch gibt es viele, zu viele Menschen auf Erden, die das Wasser, das Meer und seine Bewohner nicht achten. Mit vielem haben wir uns abgefunden, und da wir in einer anderen Schwingung sind, können uns Verschmutzungen durch Unrat und niedrige Frequenzen nichts anhaben. Dennoch wird es immer schwieriger für uns, in den Meeren eures Planeten zu existieren. Die Orte im Wasser der Meere, die reinen und hoch schwingenden Plätze, an denen wir uns aufhalten und leben, werden weniger.

Wir haben die Fähigkeit, eure Gefühle zu heilen. Wir können euren Energiefluss wieder zum Fließen bringen. Ebenso können wir die Schwere eurer seelischen Verletzungen erleichtern oder sogar auflösen und euch mit der Kraft der Algen, Seerosen und anderen Pflanzen des Wassers heilen. Die Bewohner des Meeres wie die Delfine, Wale, Korallen und Seesterne unterstützen uns dabei. Über mehrere Kilometer können wir Energien schicken, die euch helfen, zu heilen und zu transformieren. Auch über Land können wir diese senden. Dafür müssen wir mehr Kraft aufwenden, was wir jedoch gerne für euch tun. Wenn ihr nicht die Möglichkeit habt, zu uns ans Meer zu kommen, begebt euch in die Meditation, um mit uns Kontakt aufzunehmen.

Wir können euch helfen, eure Weiblichkeit anzunehmen und zu leben, eure Kreativität zu aktivieren und eure Selbstliebe wieder zu erlernen. Wir tragen die Fähigkeit in uns, eure DNA-Stränge wieder in Harmonie zueinander zu bringen und sie in die richtige Richtung zu drehen. Ebenso können wir euch helfen, euch mit dem Kosmos zu verbinden, um mit anderen Welten zu kommunizieren, denn das Meer ist ein Kanal zum Universum. Wir können Sternenenergien auf die Erde leiten und Sternenengel zu euch senden. Wir sind die Engel der Meere und wären überglücklich, wenn ihr uns um Hilfe bitten würdet.

Wir senden euch die wahre Liebe in euer Herz.
Die Meerjungfrauen

☆☆☆

Wassermänner

Wir heißen euch willkommen, werden jedoch nicht lange zu euch sprechen, da es nicht in unserer Kraft liegt, lange außer Wasser zu sein. Wir Wassermänner haben die energetischen Netze der Meere in unserer Hand und passen auf, dass auftretende Blockaden gelöst werden und das Netz in seiner Schwingung der Transformation der Erde angepasst wird. Wir können über dieses besondere Netz navigieren und bestimmte Energien von einem Punkt zum anderen senden.

Es gibt mehrere Hauptpunkte auf der Erde, die sich an energetisch hohen Plätzen befinden. Die Meerjungfrauen unterstützen uns in unserer Arbeit, indem sie die einzelnen Gebiete in ihrer Schwingung rein und hoch halten. Wir repräsentieren die Macht der Meere, sind machtvoll und haben die Kraft in uns, die Meere und ihre Gewalten zu beherrschen. Wir können euch helfen, eure eigene Macht wieder anzunehmen, wenn ihr eure Männlichkeit wieder ausgleichen wollt. Wir helfen euch, die innere Struktur und Ordnung so auszurichten, dass ihr neue Wege gehen könnt. Es gibt einige Plätze auf Erden beziehungsweise in den Meeren, an denen wir Wassermänner uns versammeln. Jedoch gibt es immer weniger von diesen Plätzen, da ihr Menschen es noch nicht geschafft habt, mit euren Elementen ein Leben in Harmonie zu führen. Harmonisiert die Elemente in euch, damit helft ihr uns sehr.

Unsere Aufgabe ist es auch, das Element Wasser mit den anderen Elementen in Einklang zu bringen. Herrscht zu viel Sturm, wird es mehr Meereskraft geben. Auch wenn das Feuerelement, zum Beispiel die Vulkane, aus dem Gleichgewicht geraten ist, helfen wir mit unserer Wasserkraft, dieses wieder herzustellen. Die Vulkane helfen uns mit ihrem Sein, in Harmonie mit den anderen Elementen und mit uns selbst zu sein. Seid auch ihr in Harmonie mit euch und anderen? Achtet auf euer Sein und eure Gefühle. Lebt sie, dafür seid ihr auf Erden. Auch bei uns gibt es nicht immer nur Liebe, sondern auch aufbrausende Gefühle. Lasst sie zu, damit sie nicht wieder in die Tiefen eures Seins versinken, um sie wieder entdecken zu müssen. Wir helfen euch gerne bei dieser Transformationsarbeit.

In tiefer Verbundenheit,
die Wassermänner der Ozeane

☆☆☆

Achtung vor dem Meer und seinen Bewohnern

Lange ist es her, dass wir durch reines Wasser geschwommen sind. Wir haben uns bereits diesen Umständen angepasst, jedoch fällt es uns zunehmend schwerer, euch und Mutter Erde in eurer Transformation zu unterstützen. Wir schwimmen viel umher, um das Meer zu reinigen. Zum Glück helfen uns die Haie und andere Meeresbewohner bei unserer Arbeit. Wacht auf! Wir sind eure Freunde, nicht eure Feinde. Wir bitten diejenigen, die dazu berufen sind, im Tier- und Meeresschutz zu arbeiten, jetzt in Handlung zu gehen. Egal, wie ihr es macht, aber tut es! Verwirklicht eure göttlichen Ideen und geht in die Umsetzung. Wir helfen euch dabei. Doch viel Zeit bleibt euch und uns nicht mehr, werden nicht noch mehr Menschen aufgerüttelt, um die Wahrheit zu sehen. Viele unserer Freunde, zum Beispiel die Wale, haben sich geopfert und tun es immer noch, um ein neues Bewusstsein in euch zu erschaffen. Viele davon haben sich in Gewässer begeben, die nicht für sie vorgesehen waren, um die Aufmerksamkeit auf uns Meeresbewohner und ihre Umgebung zu lenken. Bitte helft uns, den Bewohnern des Meeres, bitte helft dem Meer, um die stärkste Kraft der Natur zu wahren und zu nutzen.

Danke.
Die Delfine der Meere

Sternenengel

Liebe Seelen der Erde,

wir, die Sternenengel, sind lichte Wesen, die von den Sternen kommen. Wir tragen den Sternenglanz und den Sternenstaub in uns. Wir sind Begleiter der Neuen Zeit und freuen uns sehr darüber, dass für uns nun die Zeit gekommen ist, euch auf euren Wegen zu helfen. Im Gegensatz zu den Engeln tragen wir oft weibliche Namen, wie zum Beispiel Opalia, Amorosia, Raffaela. Wir begleiten besonders inkarnierte Sternenmenschen auf Erden oder Menschen, die diese besondere Energie der Sterne und des Universums benötigen. Ebenso haben wir die Fähigkeit, Dinge ans Laufen zu bringen, wie man bei euch sagen würde. Da wir kosmische Sternenenergien senden, können wir vieles beeinflussen und transformieren.

Hauptsächlich sind wir aber dafür zuständig, euch die Wahrheit eures Seins erkennen zu lassen, die Wahrheit eurer Seele und ihrer Wünsche. Und so helfen wir euch dabei, den wahren Weg zu finden und zu gehen. Wir haben die Fähigkeit, Sternenstrahlen in den verschiedensten Farben und heilende Wirkungen zu euch zu senden. Durch unsere Hilfe könnt ihr den Lichtpunkt in euch freimachen, um euch mit dem Universum zu verbinden. Wir unterstützen euch, Verbindung zu fernen Welten in anderen Galaxien aufzunehmen. Auch zu Atlantis haben wir engen Kontakt und können euch mit diesem wunderbaren Kontinent, der zurzeit auf einer höheren Ebene schwingt, verbinden.

Atlantis beziehungsweise die Priesterschaft und der Senat waren immer darum bemüht, eine Verbindung zu den verschiedenen Universen und Welten aufrechtzuerhalten und offen für Neues zu sein. Sternenstaub ist eine Energie mit Glitzerfunken, die ihr dazu benutzen könnt, mehr Glanz und Freude in euer Leben zu bringen. Es ist eine Art Zauberkraft, die euch helfen kann, die Visionen und Wünsche eures Herzens auf Erden zu bringen und zu erfüllen. Also, scheut euch nicht, uns zu rufen, wir helfen euch gerne.

Die Sternenengel von Antares

☆☆☆

Engelschaften

Liebe Seelen auf Erden,

ich bin einer von euch und durfte das Leben auf Erden erfahren. Ich weiß, dass ihr es nicht immer einfach habt, aber es war eure Entscheidung, am Aufstieg der Erde mitzuwirken. Vieles ist passiert und wird noch passieren. Und viele Seelen aus der Urkraft des Seins der göttlichen Quelle haben sich nun dazu entschlossen, bei diesem besonderen Ereignis dabei zu sein. Es sind Lichtwesen, die aus freiem Willen entschieden haben, bestimmte Aufgaben anzunehmen, um diese im großen Wandel zu erfüllen. So ist es mitunter auf einigen Ebenen etwas voller geworden, und es wurde vom höchsten Rat der Akasha beschlossen, diese wundervollen Lichtengel und Lichtwesen zu bestimmten Erzengeln, Aufgestiegenen Meistern und Meisterinnen, Heiligen und anderen lichten Wesen der Sterne und des Universums zu schicken. Sie werden Engelschaften genannt und sind sozusagen die Assistenten der Erzengel, Meister oder anderer höherer Wesen. Sie haben sich bereiterklärt, dem lichten Wesen, dem sie zugeordnet wurden, zum höchsten Wohl aller zu dienen und wurden nach ihren Fähigkeiten in die für sie vorgesehenen Bereiche eingeteilt. So kann es sein, dass sich die Engel eines Erzengels bei euch melden und nicht der „Chef" persönlich. Das hat nichts damit zu tun, dass ihr es nicht wert sein, den Erzengel persönlich zu empfangen, um mit ihm zu sprechen, sondern im Moment so viel auf Erden passiert, dass es für uns nicht mehr möglich ist, allen auf vollkommener Weise alleine zu helfen. Auch wenn es immer heißt, dass wir an allen Orten und zu jeder Zeit gleichzeitig sein können, ist das so nicht mehr mit der Neuen Zeit stimmig. Einige Engel, wie zum Beispiel Erzengel Michael, haben die spezielle Aufgabe zugewiesen bekommen, überall zu sein, wenn sie gerufen werden. Das bleibt auch in Zukunft so. Ihr könnt ihn entlasten, indem ihr euch auf seine Engelschaften, seine Helferengel, beruft. Bei den anderen Erzengeln werden sich mehr die Engelschaften um eure täglichen Bitten kümmern.

Im Moment sind wir alle vollends beschäftigt, und es kann sein, dass wir nicht sofort zur Stelle sein können, sondern unsere Engelassistenten oder andere Lichtwesen, die gerade frei sind, euch euren Wunsch erfüllen und/ oder euch auf eurem Lebensweg unterstützen. Wir haben sehr viel zu tun, und wenn die Erde wieder einmal bebt und Lady Gaia sich rüttelt und schüttelt, um alten Ballast abzuwerfen, sind wir alle aufgerufen, vor Ort zu sein, um den Schaden zum Wohl aller zu begrenzen. Bei allen Katastrophen, Unfällen oder Ähnlichem werden immer das Große Ganze und auch der Wille eines jeden Einzelnen berücksichtigt. Deswegen müssen wir alle Einwirkungen mit einbeziehen, gut delegieren und auch organisieren können. Oft erscheint es euch, als wären wir nicht am Ort des Unglücks, dem ist aber nicht so. Auch der Kampf zwischen Gut und Böse, wie ihr es nennen würdet, findet auf einer Ebene statt, auf der wir involviert sind und so gut wie möglich helfen möchten.

Der Schleier der Kommunikation und des Wahrnehmens zwischen uns Engeln und euch lichten Wesen der Erde wird immer dünner. Die Dimensionen nähern sich zusehends. Beide Seiten werden dafür verantwortlich sein, dass der Aufstieg zum höchsten Wohl aller und im Guten geschieht. Wir wären euch sehr dankbar, wenn ihr uns lichtvolle Energien schicken könntet, damit der Energieausgleich zwischen uns Engeln und euch Menschen wieder die Waage findet. Ihr könnt uns fragen, was wir benötigen, welche Energien oder Farben wir uns wünschen. Ein Miteinander, nicht nur auf der Erdenebene, sondern auch zwischen den verschiedenen Dimensionen ist von großer Wichtigkeit. Wenn ihr der Welt, der Erde und den Tieren Energien sendet und ihr so der Schwingungserhöhung der Erde und ihren Bewohnern behilflich seid, gilt dies bereits als Energieausgleich, der uns auch betrifft, denn ihr unterstützt die Transformationsarbeit des Gemeinwohls und der höheren Ebene. Die neuen Engelschaften bleiben erst einmal für eine bestimmte Zeit auf Erden beziehungsweise an ihrem derzeitigen Arbeitsplatz. Dies richtet sich nach der Situation auf eurem Planeten.

Danke für euer Sein auf Erden.
Erzengel Metatron

☆☆☆☆☆

Heilige

Marienanbetung

Liebe Seelen der Erde,

wir waren und sind ein Teil von euch. Was haben wir alles auf der Erde durchlebt, um die Menschheit ins Licht zu geleiten. Nicht alle von uns waren von der guten Seite, nicht alle vertraten das göttliche Licht. Seid euch dessen bewusst und beschäftigt euch wieder mehr mit den Lebensgeschichten der einzelnen Heiligen, ihren Lebenseinstellungen, Heilkräften und Fähigkeiten. Viele von uns wurden in der höheren Ebene des Lichts zu Engeln und folgen nun den Erzengeln. Wir sind aber noch unter unserem alten Namen, unserem damaligen Sein „erreichbar“. Ruft uns, wenn ihr unsere Hilfe benötigt. Wir wären sehr froh darüber, wenn wir euch auch aus unserer jetzigen Ebene helfen könnten.

Jeder Heilige und jede Heilige steht für bestimmte Bereiche. Es gibt für alle Beschwerden, Probleme und Wünsche einen oder mehrere Heilige. Natürlich können sie bei allem helfen, aber sie sind sozusagen in ihren Fachgebieten besonders gut „ausgebildet“. Jedoch gebt acht, nicht alle Seelen, die heilig gesprochen wurden, haben auch das Leben eines Lichtarbeiters geführt. Damals wurden viele aus rein politischem, diplomatischem und kirchlichem Grund heilig gesprochen. Auch die selig Gesprochenen könnt ihr um Hilfe bitten, sie haben ein wenig mehr Verbindung zur Erde und ihren Bewohnern als die Heiligen, waren sie doch vor kurzem noch bei euch auf Erden.

Wir bitten euch nur um eins: Verändert die Art eures Bittens, eures Betens an uns. Es geht nicht darum, wie zum Beispiel bei der Anbetung von Maria, den Heiligen/die Heilige um Hilfe anzuflehen, sondern sie ganz normal um Hilfe zu bitten und darauf zu vertrauen, dass eine Lösung gefunden wird oder ein Wunsch auf eine besondere Art und Weise in Erfüllung geht. Wie Heilung geschieht, wie eine Lösung zutage kommt, wie ein Wunsch erfüllt wird, bleibt den Heiligen und Engeln überlassen. Viele von euch halten jedoch an alten und beschränkten Vorstellungen, wie etwas verlaufen muss, fest. Der Weg und das Vertrauen in ihn sind die Heilung.

Dieses Anflehen, das seit Jahrhunderten von der katholischen Kirche propagiert wurde, ist eine Energie des Mangels, des Leids, des Egos und des Unterdrücktseins. Geht aus diesen alten Energien heraus und begebt euch in ein neues Beten, indem ihr uns eure Herzenswünsche vortragt und uns vertraut. Ihr müsst nicht immer wieder eure Bitte wiederholen, wir haben sie bereits beim ersten Mal ge- und erhört. Das Anflehen ist wie ein ewiges Zerren an uns. Hört bitte auf damit.

Wir können euch sagen, dass Maria von dem Flehen und Bitten sehr erschöpft ist. Sie möchte nicht mehr, dass die Menschen sich beim Bitten an sie hängen und an ihr zerren. Achtung, Vertrauen und Liebe würden ihr sehr helfen, Wünsche schneller in Erfüllung gehen zu lassen. Aber durch das alte Beten und Bitten wird sie automatisch immer wieder in die alte Energie hineingezogen und kann so nicht allen helfen. Sie ist bereits in der Neuen Energie und möchte die Pflicht des Kults um sie und ihre Rolle, die ihr von der Kirche auferlegt worden ist, nicht mehr erfüllen.

Den Menschen, die sich für den Weg des Herzens und des Lichts entschieden haben, erscheint Maria in ihrem neuen göttlichen Glanz. Der Marienkult, der fast auf der ganzen Welt herrscht, sollte sich transformieren, damit wir alle zusammen Großes erreichen können, nämlich in Frieden, Liebe und Freude miteinander zu leben. Wir bitten euch, das zu ändern und diese Botschaft weiter zu euren Mitmenschen zu tragen.

In ewiger Dankbarkeit,
Hl. Franziskus von Assisi

☆☆☆

Appell von Jesus Christus an die Menschen

Liebe Seelen auf Erden,

nun ist es Zeit, dass ich darum bitte, die Verehrung und die Art meines Todes zu ändern. Ich bin gekommen, um göttliche Leichtigkeit, Erkenntnis und Liebe auf Erden zu bringen. Ich bin gekommen, um euch die Möglichkeit zu geben, einen neuen Weg einzuschlagen.

Nun hat es doch etwas länger gedauert, bis die Erde und die auf ihr wohnenden Seelen in eine höhere Schwingung gehen können. Jetzt kann sich auch die Weise, wie die Menschen mich sehen, ändern. Viele Lichtarbeiter sehen mich schon seit langem in einem anderen, dem göttlichen Licht. Mir geht es ähnlich wie meiner mütterlichen Seele Maria. Jetzt ist die Zeit gekommen, die Auferstehung in allem zu feiern. Diejenigen von euch, die sich bereits auf dem lichten Weg befinden, bitte ich, mich wieder als Erlöser zu sehen. Ich habe mich zwar nie so empfunden, aber es war eure ursprüngliche Benennung für mein Tun auf Erden, und so soll es auch weiterhin sein. Ich war nicht derjenige, der alle vom Leid erlösen wollte, sondern ich wollte euch aus dem Schlaf eurer Illusionen aufwecken und euch helfen, euer Bewusstsein zu erweitern. Bitte verändert das Bild des sterbenden Jesus am Kreuz, das die letzten Jahrhunderte entstanden ist. Ich möchte nicht mehr als gefolterter toter Mann in euren Häusern, Schulen, Institutionen und Kirchen hängen. Wenn ihr unbedingt ein Bildnis, eine Figur von mir in eurem Haus und Garten aufstellen wollt, entscheidet euch bitte für die Darstellung des Auferstandenen, des auffahrenden oder segnenden Jesu Christi. Dies wird die neue Energie des Christusbewusstseins zu euch bringen. Die alten Kreuze sind ein Symbol der katholischen Kirche, um euch immer wieder an eure Reue und Schuld zu erinnern, die es meiner Meinung nach nicht gibt. Es ist ein manipulatives Konstrukt der Macht, um euch niedrig zu halten, und nicht die Energie von mir, von Jesus Christus und seiner heilenden Herzensliebe.

Noch einmal: Hört bitte auf, mich als Leidenden und Sterbenden in eurem Haus zu verehren und zu achten! Die Zeit des Leidens ist schon lange vorbei, und ich möchte euch Liebe, Frieden und Heilung bringen und euch nicht dauernd an eure Illusion des Leidens und der Reue erinnern. Es lag mir sehr am Herzen, euch dieses mitzuteilen.

Danke.

Gesegnet seid ihr mit der Gnade Gottes.
Jesus Christus, auch Lord Sananda genannt

☆☆☆☆☆

Kristallstern im Garten

Anschluss an das Kristallgitternetz im eigenen Garten

Liebe Seelen auf Erden,

auch zu Hause könnt ihr euch an das Kristallnetz der Erde anschließen, sofern ihr einen Garten habt. Es ist wichtig, dass ihr selbst einschätzt, ob ihr einen Lichtarbeiter dazu um Hilfe bittet oder diese Zeremonie selbst durchführen könnt. Die Verbindung zu dem kristallinen Netz erhöht euren Grund und Boden in seiner Energie.

Sucht euch einen geeigneten Platz, auf dem ihr zwölf Punkte in einem Kreis von cirka 1 - 1,5 m Durchmesser ziehen könnt. Das geht am besten mit einer langen Schnur, die ihr im Mittelpunkt befestigt und damit die einzelnen Punkte ausmacht. Pflanzt in jeden der zwölf Punkte einen kleinen Buchsbaum, er ist optimal für diesen Energiekreis. Bittet zudem Schutz vor fremden Energien. In der Mitte des Kreises hebt ihr die Erde aus, sodass ein kleines rundes Loch entsteht. In dieses könnt ihr später einen Bergkristall in Form einer Spitze, einen Rosenquarz setzen oder eine heilige Rose pflanzen. Sucht euch einen Zeitpunkt aus, der euch für das Anschließen an das Kristallgitternetz vollkommen erscheint. Dies kann bei Vollmond oder an einem schönen Sommertag sein. Folgt eurer Intuition, es ist euer Garten. Nun stellt an jeden Buchsbaum ein Teelicht und jeweils eins an die vier Punkte der verschiedenen Himmelsrichtungen. Legt dazu ein Material, das die verschiedenen Elemente symbolisieren soll. Eine Schale, gefüllt mit Erde, für das Element Erde (Osten), ein Licht für das Element Feuer (Süden), eine Schale, gefüllt mit Wasser, für das Element Wasser (Westen) und ein Windrad für das Element Luft (Norden). In die Mitte könnt ihr einen Rosenquarz legen, der für das Element göttliche Liebe steht.

Stellt euch nun in die Mitte eures Kreises und verbindet euch mit der göttlichen Quelle. Bittet um göttlichen Schutz. Ruft die Engel und die Elementarwesen, die der jeweiligen Himmelsrichtung zugeordnet sind, verneigt euch vor ihnen und sprecht eure Achtung aus. Fangt im Osten an. Erzengel Uriel und die Elementarwesen der Erde, die Kobolde und Zwerge, sind dem Element Erde zugeordnet und stehen im Osten. Erzengel Michael und die Elementarwesen des Feuers sind dem Element Feuer zugeordnet und stehen im Süden. Erzengel Gabriel und die Undinen und Wassermänner stehen für das Element Wasser und stehen im Westen. Erzengel Raphael und die Elementarwesen Sylphen und Elfen sind dem Element Luft zugeordnet und stehen im Norden. Bittet sie darum, euch bei der Einweihung eures Gartens in diese hohe Energie des Kristalls und seines Gitternetzes zu helfen. Wenn ihr keinen Bezug zu den Engelwesen habt, könnt ihr auch die Hüter der jeweiligen Elemente um Hilfe bitten.

Nun streckt die Arme zur Seite nach oben in Richtung Himmel, sodass die Handflächen das Zeichen des Empfangens darstellen. Bittet um die Kristallenergie, dass sie durch euch in die Mitte des Kreises in den Boden fließt und sich mit dem Kristallgitternetz der Erde verbindet. Spürt erneut, wie die Energie durch euch und zu den zwölf Punkten in eurem Kreis fließt und diesen erstrahlen lässt. Leitet nun die Energien weiter in den Mittelpunkt des Bodens eures Kreises und stellt euch vor, wie dieser energetische Kreis sich nun vollkommen mit dem Kristallgitternetz verbindet. Wenn euch die Energie zu hoch ist, könnt ihr kurz nach der Zeremonie aus dem Kreis treten und von dort aus die Einweihung unterstützen. Ist dies vollbracht, seid ihr an das Kristallgitternetz der Erde angeschlossen und habt so einen weiteren Verbindungspunkt im Kristallgitternetz geschaffen.

Wir danken euch für eure Offenheit. Fühlt in euch hinein, ob ihr für diese Handlung bereit seit, denn es stellt keine Pflicht und keinen Zwang dar, sich an dieses energetische Netz anzuschließen. Folgt eurem Herzen.

Danke.
Die Erzengel der Elemente

☆☆☆☆☆

Reinigung und Energetisierung von Räumen

Liebe Seelen des Lichts,

je länger ihr den Weg eures Herzens geht, desto wichtiger wird es für euch, dass euer Heim rein und von hoher Energie ist. Es stellt einen schützenden Raum dar, in dem ihr Kraft sammeln und zur Ruhe kommen könnt. Viele Menschen bewegen sich in der Außenwelt in der Dritten Dimension, deswegen tut es ihnen gut, wenn sie ein energetisiertes Zuhause und Schutz vor Fremdenergien haben. Um euer Heim optimal zu energetisieren, solltet ihr es einmal gründlich von allen Energien reinigen, die nicht zu euch gehören, und die niedrig schwingenden Energien auflösen, die ihr selbst produziert habt.

Stellt euch dazu vor, wie sich die violette Flamme von St. Germain (bittet ihn vorher um Hilfe) in eine linksdrehende Spirale verwandelt und durchs Haus fegt. Lasst sie in jedem Raum einige Sekunden, damit alle störenden Energien ins Licht getragen werden. Seid ihr fertig mit dieser Form von Reinigung, lasst die violette Flamme zu einer rechtsdrehenden Spirale werden und sich ebenfalls wieder durch jeden Raum bewegen. Nun werden alle Zimmer und Räume, dunkle Ecken, Dielen und Treppenhäuser energetisiert. Zusätzlich könnt ihr nach der violetten Flamme mit Beifuß, weißem Salbei oder Weihrauch räuchern. Auch mit selbst hergestelltem Weihwasser könnt ihr die einzelnen Wände, Ecken und Räume besprenkeln und sie so in eine höhere Schwingung bringen. Weihwasser klärt auch die Luft und dichte Energien. Füllt dafür eine Schale mit Wasser und segnet das Wasser mit den Worten: „Ich segne dieses Wasser mit Liebe, Licht, Achtung und Dankbarkeit“ oder ganz klassisch: „Ich segne dieses Wasser im Namen des Vaters, des Sohnes und des Heiligen Geistes.“ Wenn ihr danach immer noch das Gefühl haben solltet, nicht „alleine“ zu sein oder euch nicht wohl fühlt, bittet einen Geomanten oder Lichtarbeiter zu euch, der mit verlorenen Seelen sprechen kann und fremde Energien sieht. Schamanen können euch ebenfalls bei der Reinigung eures Hauses helfen.

Ist euer Haus oder eure Wohnung von innen gereinigt, könnt ihr beginnen, jedes einzelne Zimmer mit energetisierten Gegenständen auszustatten. Kristalle, Symbole, bestimmte Farben an den Wänden oder Bilder stärken die Raumenergie. Vielleicht wollt ihr eure Möbel umstellen oder die Räume neu dekorieren. Auch euch von alten und neuen Dingen zu trennen, würde ab und an eurem Raumklima und euch guttun. Schnittblumen und andere Pflanzen erfrischen den Raum und erhöhen seine Energie.

☆☆☆☆☆

Reinigung, Energetisierung und Schutz von Haus und Garten

Eurem Haus/eurer Wohnung könnt ihr einen göttlichen Schutzmantel umlegen, indem ihr euch vorstellt, wie eine goldene Blase euer Zuhause umfängt. Die energetische „Seifenblase" lässt innen genügend Platz nach oben, damit ihr euch nicht erdrückt fühlt. Keine Fremdenergien, auch nicht die Inhaltsstoffe der Chemtrails oder andere manipulative Energien, können diese Blase durchdringen. Wenn euch als Schutz ein Dodekaeder lieber ist, verwendet diesen. Bei Unwettern oder anderen Gefahren könnt ihr an jede Seite eures Hauses und/oder in jede Himmelsrichtung wie auch auf euer Dach zusätzlich schützende Engel positionieren. Sie schützen das Haus vor Schäden. Dasselbe macht in eurem Garten, wenn Orkan oder Hagel auf euch zukommen. Achtet die jeweiligen Hüter, Geister und Elementarwesen der Wetterarten, der Elemente, des Sturms, des Hagels, des Donners und des Blitzes. Dankt ihnen für ihr Tun. Es ist wichtig für die Atmosphäre der Erde, auf energetischer Ebene wie auch auf Erdenebene, dass regelmäßig eine Reinigung eintritt, sei es durch Sturm, Gewitter oder Regen, damit Klärung stattfinden kann. Zu viele Verunreinigungen, die durch die Gedanken der Menschen entstanden sind, blockieren die Transformation der Erde und das freie Durchatmen der Menschen. Achtet und ehrt deswegen regelmäßig die verschiedenen Wesen der Elemente, damit auch sie in sich gestärkt, wahrgenommen, geachtet und geliebt werden.

Energetisiert ihr eurer Haus und euren Garten, strahlt diese hohe Energie auf eure Umwelt aus, besonders auf eure Nachbarschaft. Jeder Nachbar, der in dieser Umfeldenergie lebt oder sie „streift“, oder eure Besucher können selbst entscheiden, ob sie die hohen Energien, die bei euch schwingen, für ihre Heilung verwenden möchten oder an sich abprallen lassen. Wenn die Anwohner und Besucher keine Heilung und Veränderung in ihrem Leben möchten, tritt in den meisten Fällen Wut, Neid und Missgunst auf. Besonders stark werden diese Emotionen, wenn sie sich vehement gegen diese Energien wehren. Wundert euch also nicht, wenn eure Nachbarn und Besucher unterschiedlich darauf reagieren: liebevoll und hilfsbereit oder wütend und unfreundlich, um nur einige Reaktionen zu nennen.

Möchtet ihr euer Heim und euren Garten noch auf der reinen Erdenebene vor Fremdeinflüssen schützen, könnt ihr zusätzlich Rosenquarz und Bergkristall im Wechsel an die Grenzen eures Grundstücks legen. So ist euer Heim gut geschützt und gleichzeitig energetisiert. Energetische Gegenstände wie beschriftete oder bemalte Steine mit positiven Worten könnt ihr in euren Garten legen. Lasst euch von eurer Kreativität leiten, oft kommen die Ideen nach und nach. Setzt sie um, auch wenn ihr vielleicht den Sinn nicht versteht. Es wird seine Wirkung haben. Engelstatuen, keltische oder andere Symbole energetisieren zusätzlich den Garten. Bereits die Feng Shui Philosophie hat euch schon einige Möglichkeiten vorgestellt, wie ihr die Energien in eurem Garten stärken und harmonisieren könnt. Folgt eurer

Intuition und nutzt das alte Wissen über Energien, Kräfte, Elemente, die Bedeutung der Pflanzen und Farben. Feng Shui sowie Geomantie und Geopathie, Kräuterkunde, altes Wissen der Kelten und eure spirituellen Eingebungen werden euch dabei helfen, einen vollkommenen Garten zu kreieren und zu erschaffen. Bemerkt ihr, dass ihr angegriffen werdet, könnt ihr euch auch damit schützen, indem ihr reines Salz (ohne Zusätze) an die Grenzen eures Grundstücks streut. Damit wird eine energetische Wand aufgebaut, die Verstrickungen trennt und euch vor neuen Angriffen bewahrt. Eine energetisch installierte Lichtwand kann euch zusätzlich vor Eindringlingen und Angriffen schützen.

Um die Elementarwesen in eurem Garten zu stärken und ihnen Achtung entgegenzubringen, könnt ihr einen Altar für sie bauen oder eine kleine Ecke für sie bereitstellen, wo ihr eure Geschenke für sie niederlegt. Die Elfen und Feen haben es gerne, wenn ihr ihnen unter einem Holunderbaum Leckereien anbietet. Ihr könnt auch mit ihnen Kontakt aufnehmen und sie fragen, wo sie ihren Platz haben wollen und was sie gerne „essen". Arbeitet mit den Elementarwesen eures Gartens zusammen, denn sie wissen am besten, wo euer Gemüse, euer Obst, eure Blumen und anderen Pflanzen optimal wachsen und gedeihen. Sie kennen die Energien der Erde.

Wir danken euch für euer Sein auf Erden.

Die Schutzengel der Welt und die Elementarwesen der Kelten

Radioaktivität

Liebe Seelen auf Erden,

wir möchten euch über die eurer Ansicht nach gefährliche Radioaktivität aufklären. Radioaktivität ist von sehr hoher Schwingung, die für euch im Moment schädlich ist, deswegen könnt ihr mit Recht sagen, dass sie für euch sehr gefährlich ist. Wärt ihr auf einer höheren Schwingung, würde euch diese Strahlung nichts ausmachen, sondern euch sogar in eurem Sein unterstützen.

Einige Gebiete auf Erden befinden sich gerade in dieser hohen Schwingung, sei es durch Unfälle oder durch Versuche am Menschen. Würdet ihr euch in diese hohe Energie begeben, käme es euch so vor, als wärt ihr in einer anderen Welt, auf einer anderen Ebene. Nur einige Sekunden braucht es, um in diesem Moment euren Körper von eurer Seele zu trennen. Körperliche Symptome wie Schwindel, Kreislaufkollaps oder Kopfschmerzen, Muskel- und Gelenkschmerzen können auftreten. Die verschiedenen energetischen Körper trennen sich. Dies ist ein rein physikalischer Vorgang. Jeder Körper bewegt sich zu der Schwingung hin, die ihm entspricht. Wir raten euch nicht, euch in die Radioaktivität zu begeben, dies ist momentan und auch für die kommenden Jahre tödlich für euch. Langsam gewöhnt ihr euch an minimale Dosen dieser Strahlung, die es von Natur aus in bestimmten Gebieten auf Erden gibt und passt euch an.

Die Auswirkungen der Unfälle in Atomkraftwerken wie Tschernobyl und Fukushima sind ebenfalls tödlich, begibt man sich zu lange in diese radioaktive Zone. Für viele Menschen war dies ein erschreckendes und körperlich schmerzhaftes Ereignis, das sich auch heute noch bemerkbar macht. Gebt die Radioaktivität nur in Hände von Menschen mit reinem Herzen, denn sie werden diese Technologie zu Ende denken. Die Entwicklung und Forschung sind noch nicht zu Ende. Jedoch haben Macht und Gier, das vorschnelle Handeln sowie der Bau und Betrieb von Atomkraftwerken die Menschen dazu hinreißen lassen, die Idee der Energieerzeugung nicht zu Ende zu denken. Die Gebiete, die mit Radioaktivität verseucht sind, haben nun die Gelegenheit, zu heilen. Sie schwingen bereits in einer der höchsten Energien, die auf Erden überhaupt existieren können. Sie transformieren dort die Erde. Lasst sie und dankt ihnen.

Wir danken euch für eure Offenheit, diese Informationen zu lesen.

Die Engel des Aufgestiegenen Meisters Hilarion und Kryon

☆☆☆☆☆

Schulmedizin

Liebe lichtvolle Seelen des Wachstums,

wir freuen uns sehr, euch die folgende Botschaft zu überbringen und bitten euch, nicht in Empörung zu verfallen, sondern zu verstehen, was wir euch vermitteln wollen.

Die Schulmedizin wird von vielen Menschen im wahrsten Sinne des Wortes verteufelt. Wir wenden dieses Wort nur ungern an, aber dieses Verhalten und diese Einstellung können wir auf der Erde beobachten. Jahrhundertelang haben Menschen ihr ganzes Leben dieser einzigartigen Wissenschaft gewidmet und sogar geopfert. Viele wurden eingesperrt, weil sie offen für Neues waren. Den meisten Ärzten und Wissenschaftlern lag das Wohl der Menschen am Herzen, und sie haben alles dafür getan, sie von ihren Leiden zu befreien. Viele Entdeckungen wie das Penicillin oder die Impfstoffe wurden in sehr schwierigen Zeiten der Krankheit und der Seuchen hervorgebracht und haben damals vielen Menschen das Leben gerettet. Bitte wertet dies nicht ab. Leider hat sich die Intention der meisten Pharmafirmen bereits in der Mitte des letzten Jahrhunderts geändert. Macht, Gier und Manipulation, ohne Rücksicht auf den Menschen, zogen in den Bereich der Schulmedizin ein. In eurer Welt werden sogar inzwischen Forscher, Wissenschaftler, Heiler und Entdecker der Neuen Zeit, denen eine vollkommene Heilung des Menschen am Herzen liegt, diskriminiert und bedroht.

Unabhängig davon versucht bitte, das Positive in der Schulmedizin zu sehen. Wir wissen, dass viele Ärzte gegen die Arbeit der Heilpraktiker, Heiler und Lichtarbeiter sind, doch solltet ihr ihr Wissen nicht ganz abtun. Wenn wirklich ein Notfall eintrifft, wie zum Beispiel ein Unfall oder eine schwierige Geburt, für die ein Kaiserschnitt nötig ist, oder eine akute Krankheit auftritt, bei der sofortige schulmedizinische Hilfe gebraucht wird, dürft ihr wahrlich froh sein, dass es die Schulmedizin und die dazugehörigen Berufe gibt, denn sie retten in dem Moment euer Leben und/oder das Leben eures Kindes.

Was macht ihr denn, wenn ihr eine Blinddarmentzündung habt? Was macht ihr bei einer Embolie? Was macht ihr bei einem Magendurchbruch oder einem Darmverschluss, die sofortige Hilfe benötigen? Seid dankbar, dass es die Schulmedizin gibt. Es liegt in eurer Hand, wie ihr euch in bestimmten Situationen entscheidet. Leidet ihr zum Beispiel an einer starken Depression, wisst nicht mehr weiter und habt bereits alles an alternativen Heilmitteln und Heilungsmethoden ausprobiert, dann bitten wir euch für eine kurze Zeit, wir betonen: für eine KURZE ZEIT, euch von einem Arzt helfen zu lassen, damit ihr wieder Licht am Ende des Tunnels sehen könnt. Seid ihr wieder stark genug, setzt die Einnahme der Antidepressiva ab. Widmet euch bereits während der Einnahme der Suche nach der Ursache eurer Depression. Viele von euch haben dies bereits davor getan, fanden jedoch keinen Weg heraus. Habt ihr wieder genügend Kraft, könnt ihr den Heilungsweg wieder einschlagen, um die wahre Ursache für die Krankheit zu finden. Auch wenn ihr zum Beispiel wegen einer akuten Nebenhöhlenentzündung Antibiotika nehmen müsst, ist das nicht so schlimm. Jedoch vertragen viele hoch schwingende Menschen inzwischen keine schulmedizinischen Mittel mehr. Ihr solltet immer von Situation zu Situation individuell entscheiden. Seid ihr wieder gesund, könnt ihr euch nach der Einnahme von den Energien und stofflichen Resten der Medikamente reinigen.

Da die schulmedizinischen Mittel oft mit dem alten Bewusstseinsnetz der Dritten Dimension verbunden sind, raten wir euch dazu, die Tabletten, Tropfen usw. vorher zu reinigen und von allen Verbindungen zur Dritten Dimension zu durchtrennen. Ihr könnt sie auch mit bestimmten Symbolen kodieren. Nach einer Einnahme von Medikamenten oder auch währenddessen könnt ihr selbst energetisch tätig sein und/oder andere Lichtarbeiter darum bitten, euch zu helfen, wieder zu Kräften und in eure Mitte zu kommen. Nach einer Antibiotika-Behandlung stärkt euch bitte mit alternativen Heilweisen, Heilmitteln oder speziellen Nahrungsergänzungen. Wichtig ist es, sich nach einer Einnahme stärkerer Medikamente wie Antibiotika und Kortison aus dem Netz der manipulativen Pharmaindustrie zu lösen.

Bitte achtet und ehrt die Schulmedizin, geht aber bewusst damit um, wenn es euch betrifft. Viele Erfolge konnten in den letzten Jahrhunderten erzielt werden, darüber könnt ihr froh sein. Seht nicht die negativen Geschehnisse, die aus Egoenergien entstanden sind, sondern erkennt die Berufung der Forscher und Ärzte, die nur um das Wohl der Menschen besorgt waren und es auch noch sind und eine bessere Welt erschaffen wollten/wollen. Die Schulmedizin und die Forschung sind ein Teil eurer Geschichte, geht also achtungsvoll damit um.

Wir danken euch für euer Verständnis.
Die Meister Pasteur und Paracelsus

☆☆☆☆☆

Zeit-Raum-Kontinuum

Liebe Seelen auf Erden,

ihr habt euch eine Maßeinheit erschaffen, um das Phänomen des Lebens einordnen zu können. Zeit ist eine Erfindung des Egos und der Illusion, und doch ist sie nötig, damit ihr euch auf Erden zurechtfindet. In der neuen Dimension, in die ihr gerade aufsteigt, wird Zeit relativ. Lebt ihr bewusst in der Gegenwart, ist die Zeit ein Gefühl der Ewigkeit. Der Moment ist mit Energie gefüllt, sodass er Ganzheit ausstrahlt. Dies lässt in euch das Gefühl der Ewigkeit und der Unendlichkeit des Seins aufkommen, und so ist es auch.

Veränderung der Zeiten durch Lichtatmung

In dieser besonderen Phase auf Erden habt ihr viele Möglichkeiten erhalten, Zeiten und das dort Geschehene oder noch Eintreffende positiv zu beeinflussen oder sogar zu verändern. Viele Erlebnisse schrecklicher Art und daraus entstandene Verletzungen können mit Lichtatmung in ihrer Schwere abnehmen, geheilt und transformiert werden. Durch die Lichtatmung erschafft ihre eine neue Dimension der Zeit, in der vieles möglich ist. Ihr könnt mit eurem Sein Vergangenheit, Gegenwart und Zukunft beeinflussen, indem ihr die goldenen Lichtkörperfunken der göttlichen Quelle nicht nur einatmet, sondern bewusst beim Ausatmen in alle Zeiten strahlen und einfließen lasst.

So werden diese Zeitebenen mit göttlichem Licht erhellt und in ihrer Schwingung angehoben. Viele Erlebnisse und alte Blockaden werden somit im Nachhinein, aber auch schon im Voraus, in der Zukunft, positiv beeinflusst und eventuell ganz in Licht transformiert. In dieser neuen Ebene der Zeit wird ein Zugang zu früheren Leben leichter gemacht. Verletzungen können geheilt, Seelenanteile angenommen oder zurückgegeben werden, je nachdem, was zur Heilung und Transformation nötig ist.

☆☆☆

Bewusstheit in der Gegenwart

Alles, was ihr in eurer Gegenwart, im Jetzt, fühlt, denkt und erlebt, wird in seiner Energie in die Zukunft projiziert. Durch diese schnelle Umsetzung kreiert sich euer Leben in jeder Sekunde neu – mit niedrig schwingender und mit hoch schwingender Energie. Ihr habt die Wahl, euch in jedem Moment eures Lebens für ein Leben in Liebe, Licht, Freude, Gesundheit, Reichtum und Glück zu entscheiden. Das hört sich nun sehr einfach an, ist es aber nicht. Eure alten Verhaltensmuster und Programme, die noch nicht transformiert wurden, holen euch unbewusst in der Gegenwart immer wieder ein, bis ihr an ihnen arbeitet und sie ändert oder auflöst. Dabei geht es nicht darum, eurem Körper, eurem Geist und eurer Seele ständig irgendwelche Affirmationen aufzusagen, oder, besser gesagt, vorzugaukeln, sondern tiefgreifend an euch zu arbeiten, um euch von innen heraus zu heilen und zu transformieren. Denn ungelöste Themen, offene oder versteckte Verletzungen und alte Muster bilden mit den bereits geheilten Bereichen in euch eine Energie, die in die Gegenwart ausstrahlt und so automatisch in eure Zukunft projiziert wird.

☆☆☆

Verschiebung der Dimensionen

In der jetzigen Phase der Transformation verschieben sich die Dritte und die Fünfte Dimension. Die Dritte wird durch die Fünfte abgelöst, so entstehen energetische Löcher, die wiederum einen freien Raum entstehen lassen, in der Zeitreisen jeglicher Art möglich sind. Es sind sozusagen Schlupflöcher durch Zeit und Raum, in der Zeit und verschiedene Ebenen keine Rolle mehr spielen. So funktioniert das Beamen wie auch Reisen in andere Zeiten. In eurer derzeitigen Situation auf Erden sind Zeitreisen aber nur den Menschen vorbehalten, die bei diesen Experimenten der Zeitreisen mitwirken. Seid ihr auserwählt, in andere Zeiten zu reisen, wird euch die Möglichkeit dazu geboten.

Öfter tritt dafür das Phänomen auf, dass Gegenstände für immer oder nur für kurze Zeit verschwinden. Vielen von euch fällt dies im normalen Alltag auf, wenn ihr zum Beispiel eine Tasse sucht, die ihr gerade aus dem Küchenschrank geholt habt, um Kaffee darin einzugießen. Auf einmal findet ihr die Tasse nicht mehr. Ihr geht aus dem Raum und sucht woanders. Kommt ihr aber zurück, findet ihr die Tasse wieder an dem Platz vor, wo ihr sie vor dem Verschwinden hingestellt hattet. Ihr hättet aber schwören können, dass die Tasse nicht da war, als ihr sie dort suchtet. Dies sind Vorkommnisse, die sich noch häufen werden, denn noch ist nicht alles in der neuen Ordnung. Verschiebungen und Dematerialisierungen können geschehen. Manchmal kehren die Dinge auch nicht mehr zurück, sondern sind an einem anderen Ort geblieben.

Uhren laufen verkehrt. Menschen gehen auf einmal vor euch, obwohl sie vor einiger Zeit hinter euch gingen. Auch Situationen können auf euch seltsam wirken, denn manchmal seht ihr Menschen, die vor einigen Minuten an einem anderen Ort waren und dort eine andere Richtung einschlugen. Sie könnten zeitlich gar nicht vor euch stehen oder euch entgegenkommen. Wundert euch nicht, denn vieles ist für euch noch nicht erklärbar. Lasst euch überraschen.

In Liebe,
die Sternenfahrer vom Gürtel des Orion

☆☆☆

Energetische Löcher in verschiedenen Ebenen

In den Zeiten der Veränderung können sich neue energetische Situationen kreieren. Bei den derzeitigen Verschiebungen der Dimensionen entstehen ab und an energetisch freie Bereiche, die wie Löcher aussehen und eine Verbindung der verschiedenen Dimensionen zueinander herstellen. Diese „Löcher" sind zeitlich begrenzt und negativ wie positiv nutzbar. Einerseits können die Menschen von der Dritten in die Fünfte Dimension „hindurchgreifen", andererseits können diejenigen, die sich bereits in der Fünften Dimension befinden, den Menschen in der Dritten Dimension besser helfen, ihren Weg weiter in die Fünfte zu gehen.

Diese Löcher oder auch Tunnel von einer in die andere Dimension geben auch Seelenpartnern, die sich auf verschiedenen Dimensionen befinden, die Chance, sich für kurze Zeit zu nähern oder ganz miteinander zu verschmelzen. Dem Seelenpartner, der sich noch in der Dritten befindet, bietet sich nun die Möglichkeit, durch diesen energetischen Tunnel zu schreiten, um sich für seinen Seelenpartner in der Fünften Dimension zu entscheiden und gemeinsam den neuen Weg zu beschreiten. Diese energetischen Schlupflöcher waren in der Vergangenheit nur sehr selten, und wenn die Möglichkeit nicht wahrgenommen wurde, schlossen sie sich wieder für längere Zeit. Die Chance auf eine Zusammenführung in Form einer Partnerschaft wurde damit vergeben. Wird diese Chance öfter verspielt, wird es keine mehr geben.

Durch diese energetischen Schlupflöcher wurden und werden auch die Grenzen zwischen dem Diesseits und dem Jenseits verwischt oder ganz aufgelöst. Daher wurde vielen Seelen der Übergang ins Licht sehr leicht gemacht. Aber auch durch den Gedanken an ein gewünschtes Ableben aus verschiedensten Gründen wurde die Reise in eine andere Dimension schneller real, sollte dies so sein.

Auch ist es möglich, diese Löcher und die Ebenen der Zeit in den verschiedenen Welten zu nutzen, um an der Zeit zu drehen. So können Zeit und Raum aufgelöst werden, und Verstorbene erhalten die Chance, mit den Lebenden auf Erdenebene Kontakt aufzunehmen. Telefonate, reale Erscheinungen und Gespräche an Orten wie auch andere für euch unvorstellbare Kontakte sind bei den energetischen Löchern möglich. So haben Verstorbene und Lebende die Möglichkeit, noch etwas zu besprechen, um etwas zu bitten, sich zu bedanken, Bescheid zu geben, sich zu verabschieden, Zeichen zu geben und vieles mehr. Meistens geht dies von den Seelen aus, die gerade dabei sind, ins Licht zu gehen oder bereits dort sind.

Vieles wirkt auf euch vielleicht beängstigend, aber keine Sorge! Bei uns gibt es keine Zeit und keine Grenzen, denn wir sind alle eins, in vollkommener Liebe. Nehmt dies als ein Geschenk an.

In lichtvoller Liebe,
die Engel des Herrn

Erscheinungen an mehreren Orten

Liebe Lichtseelen auf Erden,

in eurer Zeit wird vieles möglich gemacht. Neues wird sich euch eröffnen, das ihr euch nie hättet vorstellen können. An mehreren Orten zu erscheinen ist eine Fähigkeit, die bereits bei den Heiligen als wundersames Ereignis auftrat. Aber sie waren wahr, wie wir euch jetzt bestätigen können. Diese auserwählten Seelen erschienen mehreren Menschen zur selben Zeit an unterschiedlichen Orten, halfen ihnen oder gaben Botschaften weiter. Der Heilige Pater Pio hatte zum Beispiel die Fähigkeit, sich an verschiedenen Orten gleichzeitig zu zeigen.

Diese Gabe tragen viele von euch in sich, von der ihr aber bis jetzt nichts wusstet. Nach und nach wird einigen von euch bewusst, dass ihre Seele neben ihrem realen Leben noch eine weitere Aufgabe hat. Viele Seelen, die durch Medien wie Bücher, Fernsehen oder Seminare bekannt geworden sind, haben diese Fähigkeit. Sie erscheinen Menschen im Traum, in Meditationen oder sogar wahrhaftig, um Botschaften oder Zeichen zu überbringen.

Bei diesen Erscheinungen produziert die Seele eine Art Kopie von sich und ihrem menschlichen Körper. Es ist keine Teilung der Seele, sondern ein Bild, eine Kopie von der Energie der Seele. So entstehen „luftige" Bilder, die als Erscheinungen definiert werden. Diese Kopie schwingt auf einer sehr hohen und nicht verdichteten Frequenz die sehr und hat so die Möglichkeit, durch Raum und Zeit zu reisen. Ist ein Mensch anscheinend wahrhaftig an einem Ort erschienen, also mit einem Körper, den man anfassen kann, wurde dies mit göttlicher Hilfe umgesetzt. Dieses wundersame Geschehnis der wahrhaftigen Erscheinung ist an Orten wichtig, die plötzlich an Schwingung verlieren, wie zum Beispiel bei einem Unglück, einem Unfall, einem Verbrechen oder Ähnlichem. Mit der Materialisierung der auserwählten Seele erhöht sich die Umfeldenergie sofort, sodass das Ereignis in seiner Form abgeschwächt wird.

Auch Kinder wandern gerne mit einem Teil ihrer Seele, besonders dann, wenn eine andere Seele, die sie kennen und gerne mögen, krank ist oder es ihr nicht gut geht. Babys und Kleinkinder besuchen ihre Mutter oder ihren Vater in der Nacht, um ihre Nähe zu spüren, schlafen sie bereits in ihrem eigenen Zimmer. Ihr seht, dies ist nur der Anfang von neuen „Wundern“ und Vorkommnissen, die bereits jetzt geschehen.

Wir freuen uns sehr darauf, euch auf diesem Weg begleiten zu dürfen.

Die Heiligen von Saint-Malo

☆☆☆☆☆

Parallelwelten

Parallelwelten auf Erdenebene

Liebe Seelen auf Erden,

das Thema Parallelwelten ist ein Bereich, der kaum fassbar ist. Zu viele Leben in verschiedenen parallel laufenden Welten existieren in eurem Sein. Es gibt unterschiedliche Welten, in denen ein Teil eurer Seele lebt, Leben, in denen ihr schon alles erreicht habt, und Leben, in denen ihr noch vieles lernen müsst. Die Parallelwelten eures jetzigen Lebens liegen sehr nahe beieinander. Jeden Moment könnt ihr euch neu entscheiden, in welcher Welt ihr leben wollt. Diese Entscheidungen sind hauchdünn und können sogar die Zeit biegen und langsamer werden lassen. Die Leben unterscheiden sich nur in Nuancen voneinander, und jeder Gedanke, den ihr in euch tragt, entscheidet, in welcher Welt ihr gerade lebt. Es kann Frieden sein und Glück, aber auch Kummer und Leid. Diese Unterschiede sind kaum fassbar. Hellsichtige können in ihrem Leben parallele Ereignisse sehen, die hätten passieren können oder sogar auf einer anderen Ebene passieren. Entscheidet ihr euch für euer Glück, werdet ihr Glück erfahren. Befindet ihr euch noch zu sehr in Kummer, Leid und Ego, wird sich eure Zukunft wie auch die Gegenwart dementsprechend kreieren. Es sind Nuancen, die euch verraten können, in welchem Leben ihr euch derzeitig befindet. Bei den Parallelwelten ist nicht die Zukunft von Wichtigkeit, sondern das Jetzt, die Gegenwart. In dieser Zeitebene entscheidet ihr euch in jeder Sekunde neu, auf welcher ihr leben möchtet. Es ist so diffizil, dass es kaum zu spüren ist.

Wir, die Engel des Herrn, können hier nicht eingreifen. Es ist eure Entscheidung. Parallelwelten können aber auch dafür eingesetzt werden, in eine schönere Welt zu gelangen oder die Zeit zu krümmen. Aber dies setzt große Fähigkeiten in der Magie sowie viel altes Wissen über die wirkenden äußeren und inneren Kräfte voraus. Auch Achtsamkeit gegenüber diesem Wissen und euren Fähigkeiten ist von großer Bedeutung. Noch ist die Zeit nicht reif, euch alles über die Parallelwelten zu erklären. Es würde euch zu sehr verunsichern. Die Ebene des Paradieses ist die zentrale Quelle für euer Leben, so geht ihr in den verschiedenen Ebenen, Dimensionen und Welten nicht verloren. Verbindet ihr euch immer mit der göttlichen Quelle und eurer Seele, könnt ihr sicher sein, den schönsten Weg für euch zu gehen.

☆☆☆

Parallelwelten in anderen Ebenen und Dimensionen

Seid gesegnet, lichtvolle Seelen auf Erden,

wir, der Hohe Rat der Akasha Chronik, möchten euch einiges mitteilen. Wir beobachten das Werden auf Erden schon sehr lange. Seit Anbeginn der Zeit haben wir unser Augenmerk auf euren Planeten Erde gerichtet. Ihr müsst wissen, dass es viele Planeten gibt, die der Erde ähnlich sind. Viele von euch haben dort bereits gelebt oder befinden sich gerade dort in einem Parallelleben ihrer Seele. Fürchtet euch nicht und lasst den Gedanken der Angst an dieses Leben los, denn es ist wichtig, dass eure Seele oder, sagen wir, ein Teil eurer Seelenessenz diese Erfahrungen in einem bestimmten Zeitraum auf einer anderen Ebene durchlebt. Diese Erfahrungen sind besonders wichtig für euer jetziges Leben, denn sie beeinflussen eure Inkarnation auf Erden. Vertraut eurer Seele, dass sie genau die Dinge erlebt, die sie braucht, um heil und ganz zu werden und sich optimal weiterzuentwickeln.

Es gibt Phasen in eurem Leben, die sehr lange dauern können und viel Durchhaltevermögen und Vertrauen von euch fordern. Ihr habt das Gefühl, nichts geht voran, obwohl ihr stetig an euch arbeitet. Aber vertraut uns, irgendwann platzt der Knoten, und eine neue Energie entwickelt sich, die euch in eurem jetzigen Leben einer neuen Geschwindigkeit vorantreiben wird, vorausgesetzt, ihr geht weiterhin euren Herzensweg. Leichtigkeit und Freude kehren in euer Leben zurück. Ist der Knoten geplatzt, ist das unter anderem ein Zeichen dafür, dass ein Teil euer Seelenessenz in einem Parallelleben einen weiteren Schritt in ihrer Transformation vorangegangen ist; sie hat etwas gelöst, geheilt, angenommen, losgelassen oder entschieden. Dieses „Nebenleben" ähnelt in seiner Energie eurem Unterbewusstsein, denn dieses Parallelwelten-Bewusstsein könnt ihr nicht wirklich kontrollieren. Nur durch Heilung und Transformation könnt ihr es schaffen, euer Unterbewusstsein so zu verändern, dass ein friedvolleres Leben in Liebe möglich ist. Jedoch euer paralleles Leben könnt ihr nicht beeinflussen. Dort solltet ihr vertrauen, dass alles seine Richtigkeit hat.

Wir begleiten euch auf eurem Weg und sind bei euch, auch auf anderen Ebenen.

Der Hohe Rat der Akasha Chronik

☆☆☆

Quantensprung

Liebe Seelen der Transformation,

einen Quantensprung erlebt ihr, wenn mehrere Faktoren aufeinandertreffen. Eure Schwingung wird erhöht, wenn ihr zum Beispiel meditiert, in Licht und Liebe lebt, positiv denkt und im Jetzt seid. Dennoch gehören zu einem Quantensprung mehrere Ereignisse, die gleichzeitig zusammentreffen müssen, damit ihr eine weitere Stufe in eurer Entwicklung emporsteigen könnt. Selbst getroffene Entscheidungen, die eurem Herzen entspringen, zum Beispiel die richtige Zeit und die optimalen Umfeldenergien, sind notwendig, um einen Schritt weiter nach „oben" zu gehen. Kosmischen Energien sowie energetische Ereignisse, wie zum Beispiel Toröffnungen, tun ihr Übriges, um euch darin zu unterstützen. Alles ist gut.

Wir danken euch für eure Aufmerksamkeit.
Der Hohe Rat des Göttlichen

☆☆☆☆☆

Empfehlung von Lichtarbeiter/-in zu Lichtarbeiter/-in

Liebe Menschen auf Erden,

wir sind heute zu euch gekommen, um euch ein Anliegen vorzutragen, das uns sehr am Herzen liegt. Jeder von euch trägt spirituelle Fähigkeiten in sich, die viele bereits offen leben und als Beruf auf Erden umsetzen. Nun liegt es an euch, die optimale Vernetzung in Form von Weiterempfehlung herzustellen. Jeder Lichtarbeiter hat spezielle Fähigkeiten, und diese gilt es nun, miteinander zu teilen. Nicht jeder Lichtarbeiter kann alles, und wir bitten euch, den Mut und das Vertrauen aufzubringen, euren Klienten /Patienten andere Lichtarbeiter zu empfehlen, wenn ihr merkt, dass der Klient/Patient noch andere Energie und Heilung benötigt. Der eine Lichtarbeiter kann am besten die Aura reinigen, der andere wiederum mit dem heilende Strahl von Erzengel Chamuel arbeiten, ein weiterer auf der Seelenebene Gespräche führen und die Energieströme in den energetischen Körpern wieder in göttlicher Geschwindigkeit fließen lassen.

Es gibt so viele unterschiedliche Fähigkeiten auf Erden, wie es Menschen gibt. Bitte verfallt nicht in die Energien der Dritten Dimension und versucht, alle Klienten für euch zu gewinnen und zu behalten. Nur gemeinsam werdet ihr es schaffen, Menschen vollkommen zu heilen. Das gilt auch für die Heilung von Tieren. Empfehlt Heiler/Heilerinnen, Heilpraktiker, Künstler des Lichts oder sogar Ärzte weiter, wenn sie reinen Herzens sind. Bitte gesteht euch ein, wenn ihr bestimmte Methoden, Techniken oder Behandlungsarten nicht beherrscht, und schickt eure Klienten/Patienten zu anderen Lichtarbeitern. Ob die Patienten euren Vorschlag umsetzen, bleibt ihnen überlassen. Viele möchten bei einem Therapeuten bleiben, und das ist dann in Ordnung, nur die Möglichkeit solltet ihr ihnen geben.

Liebe Lichtarbeiter/-innen, Heiler/-innen, wir bitten euch, genau zu prüfen, welche Kollegen ihr euren Klienten weiterempfehlt. Sie sollten reinen Herzens sein und entsprechend behandeln. Profitgier und manipulative Behandlungen oder Klienten an sich zu binden sind bei dieser Art von Lichtarbeiterpool fehl am Platz. Sie sollten nicht zu abgehoben sein und den Blick fürs Leben verloren haben. Wir bitten euch, genau auszusuchen, wen ihr vorschlagt und weiterempfehlt. Ihr könnt eine Seite auf eurer Homepage einrichten, auf der ihr dem von euch ausgewählten Lichtarbeiter ein wenig Platz schenkt, um sich mit seinen individuellen Fähigkeiten vorzustellen. Wir meinen hier nicht nur die Therapien, die erlernt wurden, sondern die Fähigkeiten und Gaben, die sie in sich tragen.

Bitte habt den Mut und das Vertrauen, dass alle gemeinsam zum höchsten Wohl aller zur Heilung und zum Aufstieg des Planeten beitragen. Danke.

Die Engel der Erzengel Metatron und Chamuel

Anmerkung der Autorin

Liebe Leserinnen und Leser,

auf meiner Webseite www.heile-deinen-koerper.de gibt es bereits eine Seite für Lichtarbeiter. Dort können Sie lesen, wie die Engel es sich vorstellen, Kollegen und Kolleginnen weiterzuempfehlen.

Herzlich,

Sabine Skala

Sabine Skala

Herzkommunikation

Wiedervernetzung der Herzen auf Erden

264 Seiten, A 5, broschiert

ISBN 978-3-941363-15-1

Die wichtigste Kommunikation in der Neuen Zeit ist die Verständigung über unsere Herzen.
Von verschiedenen Meistern und Lichtwesen aus der Lichtebene wurden nun neue Informationen rund um das Thema Herzensenergie durchgegeben.
Zudem vermittelt die Geistige Welt weiteres Wissen zu den Bereichen: energetische Partnerschaft und Seelenvereinigung, Kreatives Bewusstsein, Seelengruppen, Wirkung der eigenen spirituellen Fähigkeiten, das Herznetz der Kinder, neue Berufe der Lichtarbeiter und die kleinen Lichtboten, unsere Tiere, damit wir neue Sichtweisen erlangen und auf diese Weise lernen, die kraftvolle Energie unseres Herzens zu leben und kreativ, aber auch achtsamer mit uns und der uns innewohnenden Macht umzugehen.

Sabine Skala

Heilmelodien der Delfine

Durchgegeben an und gesungen von Sabine Skala

CD, Lauflänge ca. 70 Minuten

ISBN 978-3-941363-71-7

Aus verschiedenen Meeren, Ozeanen und Dimensionen sind die Delfine an Sabine Skala herangetreten, um uns Menschen die wundervolle Energie der Neuen Zeit, die göttliche Liebe, näherzubringen und spüren zu lassen. Die Delfine schwingen auf der Dimension der Liebe und haben den Auftrag, ihre Heilenergien als Melodien und göttliche Laute, der Seelensprache der Delfine, auf Erden zu bringen, um den Menschen bei ihrem Aufstieg in die Fünfte Dimension und höher zu helfen.
Die heilenden Töne und die Sprache der Seele lösen Blockaden auf allen Ebenen und geben uns eine besondere Hilfe und eine schützende Begleitung mit auf den Weg in eine friedvolle Welt.